诸子之首,万经之王。致敬帛书、楚简《老子》。

——甲辰冬月 王骥书

老子新考系列一

帛书道德经甄辨 下 道篇

王骥 撰

华文出版社
SINO-CULTURE PRESS

目 录

第四十五章（今本 1 章）可道非恒 …………… 001
第四十六章（今本 2 章）知美恶已 …………… 016
第四十七章（今本 3 章）上贤不贤 …………… 029
第四十八章（今本 4 章）道沖弗盈 …………… 036
第四十九章（今本 5 章）天地不仁 …………… 042
第 五 十 章（今本 6 章）浴神不死 …………… 048
第五十一章（今本 7 章）天长地久 …………… 052
第五十二章（今本 8 章）上善治水 …………… 056
第五十三章（今本 9 章）揹盈其已 …………… 064
第五十四章（今本 10 章）营䰟抱一 …………… 070
第五十五章（今本 11 章）卅楅同毂 …………… 078
第五十六章（今本 12 章）五色目盲 …………… 084
第五十七章（今本 13 章）龙辱若惊 …………… 094
第五十八章（今本 14 章）视之弗见 …………… 101
第五十九章（今本 15 章）古之善道 …………… 109
第 六 十 章（今本 16 章）至虚守情 …………… 119
第六十一章（今本 17 章）大上下知 …………… 126
第六十二章（今本 18 章）道废有仁 …………… 133

第六十三章（今本19章）绝声弃智 …………………… 137
第六十四章（今本20章）绝学无忧 …………………… 142
第六十五章（今本21章）孔德唯道 …………………… 156
第六十六章（今本24章）炊者不立 …………………… 166
第六十七章（今本22章）曲金枉定 …………………… 173
第六十八章（今本23章）希言自然 …………………… 182
第六十九章（今本25章）有物昆成 …………………… 186
第 七 十 章（今本26章）重为巠根 …………………… 196
第七十一章（今本27章）善行无迹 …………………… 204
第七十二章（今本28章）知雄守雌 …………………… 210
第七十三章（今本29章）天下神器 …………………… 222
第七十四章（今本30章）道佐人主 …………………… 227
第七十五章（今本31章）兵者不祥 …………………… 232
第七十六章（今本32章）椹小弗臣 …………………… 241
第七十七章（今本33章）知人知也 …………………… 247
第七十八章（今本34章）道汎左右 …………………… 252
第七十九章（今本35章）势之大象 …………………… 256
第 八 十 章（今本36章）欲拾古张 …………………… 261
第八十一章（今本37章）道恒无名 …………………… 267

参考文献 …………………… 271

第四十五章　可道非恒

（今本 1 章）

【帛书复真本】

道，可道也，非恒道也。名，可名也，非恒名也。无名，万物之始也；有名，万物之母也。故恒无欲也，以观其眇；恒有欲也，以观其所噭。两者同出异名，同胃玄之有玄，众眇之门。

【帛书释文本】

道，可道也〔一〕，非恒道也〔二〕。名，可名也，非恒名也〔三〕。无名，万物之始也；有名，万物之母也〔四〕。〔故〕恒无欲也，以观其眇〔五〕；恒有欲也，以观其所噭（叫）〔六〕。两者同出异名，同胃（谓）玄之有玄〔七〕，众眇之〔门〕〔八〕。

【帛书出土图版原文】

甲本

·道，可道也，非恒道也∟。名，可名也∟，非恒名也。无名，万物之始也∟；有名，万物之母也。□恒无欲也，以观其眇∟；恒有欲也，以观其所噭。两者同出异名，同胃∟玄之有玄，众眇之□。

乙本

道,可道也,□□□□□□□□恒名也。无名,万物之始也;有名,万物之母也。故恒无欲也,□□□□;恒又欲也,以观亓所噭。两者同出异名,同胃玄之又玄,众眇之门。

【校勘注释】

〔一〕今本等版本把帛书本的"也"字删除后,导致断句不明、文意晦涩,容易引发歧义,如今本开篇文句还有"道可,道非,常道。名可,名非,常名"等断句方式。而帛书本的"道,可道也,非恒道也。名,可名也,非恒名也"断句明确,意思明了。"道,可道也"的第一个"道"是名词,指宇宙的本源、本体和万事万物运行的原则、规律;第二个"道"是动词,这里指描述或遵照执行。

〔二〕恒:持久、永恒、不变。今本等版本为避讳汉文帝刘恒的"恒"而将其改为"常"(频率高的状态),导致文意变化很大,不妥。参考第九章(今本46章)对"恒""常"的考辨。此处的"道"是名词,同"道,可道也"的第一个"道"。

〔三〕"名,可名也,非恒名也"的第一个和第三个"名"是名词,指"道"的形态;第二个"名"是动词,这里指认知、命名。

〔四〕"无名,万物之始也;有名,万物之母也"的断句存在争议,详见【考证辨真】。该句的意思是:"万物之始是

第四十五章　可道非恒

一个没有实体、形态、名称的混沌状态，故为无名；而万物本源（母体）的辨识在于人们的认知与命名，即为有名。"

这与"道"生"无""有"的思想及"无""有"的辩证关系并不冲突，很多人对此认知存在局限，并混淆了"无"与"无名"、"有"与"有名"的概念，因此断句为"无，名万物之始也；有，名万物之母也"。详见【考证辨真】。

〔五〕欲：欲望。无欲：顺其自然而无为，这里可理解为"无所作为的旁观状态"。"眇（miǎo）"的本义为一只眼小或盲目，引申为眯着眼睛看（专注）或不看而内视，这里与"无欲"的境界相匹配，指关闭一切感官以达到"反观""内视"的境界，从而让"精神""意识"去触摸、领悟"万物之始"那深邃、宏大的"无名"世界。虽有"眇"通"妙"一说，但这里不宜如此简单解读。帛书注家几乎都按照今本等版本将"眇"校释为通"妙"，不仅文意不够连贯，而且境界、气势大降，实属不妥。详见【考证辨真】。

〔六〕有欲：有所作为，这里可理解为"有所作为的主动状态"。噭（jiào）："叫"的异体字，呼喊、鸣叫，这里指万物发生的声响，可引申为语言。从某种意义上讲，语言创造了世界（如计算机语言创造了虚拟世界），这也与《老子》"有名万物"的浩瀚、"万物之母"的浑厚，乃至"有欲人类"的体察等磅礴内容相匹配。帛书注家几乎都按照今本等版本将"噭"校释"徼"，实属不妥，详见【考证辨真】。

〔七〕此处有两种断句方式，一是"两者同出，异名同谓。玄之有玄"，二是"两者同出异名，同谓玄之有玄"。第二种断句更有道理，详见【考证辨真】。两者：指上文中的

"无名"与"有名"。

"同谓玄之有玄"句,帛书甲本如此,帛书乙本为"同谓玄之又玄",今本等版本改为"同谓之玄,玄之又玄"。帛书本的含义明确,意为"都是深远之外的深远",属于外展;今本等版本由于多了"之玄",三个"玄"字叠加在一起,"玄乎"的内涵被确认并突显,于是被历代注家(含帛书注家)解读得玄虚缥缈,意为"都是玄妙,玄妙之中的玄妙",属于内卷,详见【考证辨真】。玄:幽远、深远。

〔八〕众:众多,这里指万事万物。门:法门、门径。众眇之门:探寻万事万物本质的门径(通过"眇"这个"无欲"态下的精神与意识去探寻"无名"世界的浩荡与本真,进而领悟"道"的本质)。帛书注家几乎都按照今本等版本将该句校勘为"众妙之门",意思是"这是一切(天地万物)奥妙的法门",有些故弄玄虚,实属不妥。详见【考证辨真】。

【意解译文】

"道"可以描述或遵照执行,但是被描述或遵照执行的"道",就不是那个永恒的"道"了。事物可以被认知而命名,但是被认知而命名的事物,就不是那个真实的存在了。万物之始是没有实体、形态、名称的混沌状态,故为无名;而万物本源(母体)的辨识在于人们的认知与命名,即为有名。因此,要以无所作为的旁观状态去持续领悟万物之始(无名)的本质;以有所作为的主动状态去持续体察万物之母(有名)的物象。"无名"与"有名"来源相同而名称相异,都属于深远之外的深远,这是探寻万事万物本质的门径。

第四十五章　可道非恒

【考证辨真】

"无"与"无名"、"有"与"有名"断句辨析

"无名万物之始也；有名万物之母也"的断句方式主要有两种，历代争议很大。第一种是"无，名万物之始也；有，名万物之母也"，主张者有司马光、王安石、苏辙等人。第二种是"无名，万物之始也；有名，万物之母也"，主张者有河上公、王弼、司马迁、傅奕等古代学者，以及马叙伦、蒋锡昌、朱谦之等近现代学者。

笔者认为，第二种断句是正确的，第一种断句不仅不妥，而且还存在一定的迷惑性。笔者在《道德经，古今有何不同》一书出版后，关于这个问题，收到一些读者来电来函质疑，这里很有必要进一步阐释，主要提出五点理由：

第一，主张第一种断句的根据可能是第四章（今本40章）的"天下之物生于有，有生于无"。这本身没错（如果参考楚简本"天下之物生于有，生于无"，这就有其他外延含义了，此处暂且按下不表），然而本章的主旨是在谈"道"，以及"道"应该怎样被"名"（即可名、无名、有名）的问题，而并非谈论"有""无"的本源问题。这个逻辑被一些人忽视了。

第二，从文章结构来说，老子开篇用"道，可道也，非恒道也。名，可名也，非恒名也"来谈"道"与"名"（如何名道），接下来谈"有名""无名"，可谓逻辑合理，文通理顺。如果凭空冒出一句话谈"有""无"的本源，从行文逻辑上是讲不通的。

第三，联系到第三章（今本41章）的"道褒无名"、第七十六章（今本32章）的"道恒无名……始制有名"、第八十一章（今本37章）的"道恒无名……吾将阗之以无名之樸"等，可知"有名""无名"是老子针对"道"进行表述的特有用词，不宜将其分割。

第四，这里略举几例前人的论述。《史记·日者列传》："无名者，万物之始也。"王弼注："凡有皆始于无，故未形无名之时，则为万物之始；及其有形有名之时，则长之育之，亭之毒之，为其母也。"朱谦之："《说文》：'始，女之初也。''母'则'象怀子形，一曰象乳子也'。以此分别有名与无名之二境界，意味深长。盖天地未生，浑浑沌沌，正如少女之初，纯朴天真。……'道生一，一生二，二生三，三生万物。'此有名万物母也。"① 以上论述都为第二种断句提供了有力的依据。

第五，这里引述《道德经，古今有何不同》的阐释：

> 根据上下文意，老子的意思是说，在"万物"没有产生时，没有任何可感知的"有实""有形"和"有名"之物，那个时候是一片混沌状态，就是整个世界的开始，而"道"正是这个"开始"的动力。这是从存在论的角度来看问题的。当万物开始形成，开始变成我们可以感知的"有实""有形"和"有名"的事物，这个时候"道"是孕育、滋养并推动万物形成的

---

① 朱谦之：《老子校释》，中华书局，1984年11月第1版，第5页。

母亲，它是动力。这是从认识论的角度来看问题的。[①]

也就是说，"有""无"是从本体论的角度来阐释"道"的，而"无名""有名"是从存在论与认识论的角度来阐释"道"的，相当于以此来描述、形容"道"的不同阶段，故有"始""母"之说，以及"同出异名"的判断。综上所述，由于这里没必要涉及"有""无"的本体论，所以笔者认同第二种断句："无名，万物之始也；有名，万物之母也。"

"万物"与"天地"及其先后关系辨析

"无名，万物之始也"的"万物"，帛书甲乙本均为"万物"，今本等版本改为"天地"。司马迁（《史记·日者列传》）、张君相（《道德真经集解》）、成玄英及近现代学者马叙伦（《老子校诂》）、蒋锡昌（《老子校诂》）等人都认为此处应为"万物"。这里谈一谈"天地"与"万物"的范畴及其先后关系。

在常人的眼中，先有"天地"，后有"万物"，即"天地生万物"。这看起来似乎没错，但是其范畴大小和先后关系要复杂得多。

"天"字的本义是人的头顶，又表示人的头顶上方、日月星辰所在的太空苍穹。"天地"有广义与狭义之分，广义的"天地"可指代整个宇宙空间；而狭义的"天"即指古人认知的"苍穹"，或者说是指大气层所映射出的星辰影像，狭义的"地"即指地球表面。"万物"也有广义与狭义之分，狭义

[①] 王骥：《道德经，古今有何不同》，华文出版社，2023年1月第1版，第219页。

的"万物"指的是地球上和外太空中的一切所属之物，指单纯的物质（不含万事）；而广义的"万物"概念就大得多，指的是宇宙内外的一切事物，包括事与物。

所以，从狭义上来讲，"天地生万物"是成立的，但是从广义上来讲，万物比天地的范围大多了，且有些物质在"天地"之前就被创生了。之后的章节也有明确的表述，如"有物昆成，先天地生……可以为天地母。吾未知其名"中的"物"即事物，指的是"道"所创生的第一批物质，即所谓"道"生混沌（物质），混沌再分天地。注意，这里的"昆"是"之后"的意思，可参考第六十九章（今本 25 章）相关考辨。

由此可知，老子是从广义上来探讨"天地""万物"等概念的，所以在《老子》中，"'万物'包括'天地'，范畴更大、更实在"[①]，且"道"是按照从"无"到"有"，"有"生成物质（如混沌），然后再分天地的顺序进行演化的。

另外，在老子的宇宙生成论中，万物并非天地所生，而是通过"道生一，一生二，二生三，三生万物"（当然，其中的"二"也可解读为"天地"）的渐进方式产生的。也就是说，天地万物都是从无到有，再到多、繁多，乃至浩瀚，这样一步一步地发展起来的，如同一切生物的成长过程一样。

"眇""妙"与"噭""徼"的用字考辨

"故恒无欲也，以观其眇；恒有欲也，以观其所噭（叫）"

---

① 王骥：《道德经，古今有何不同》，华文出版社，2023 年 1 月第 1 版，第 214 页。

的"眇""噭",帛书甲本为"眇""噭",帛书乙本前者缺失,后者为"噭",今本等版本改为"妙""徼",将该句改为"故常无欲,以观其妙;常有欲,以观其徼"。其中,"妙"指精微、微妙,"徼"指边际、边界,引申为端倪。于是,今本的意思就变成了:"经常没有欲望,就可以观察到道的奥妙;经常存在欲望,就可以观察到道的端倪。"

这看起来似乎有道理,故很多帛书研究者也将这里的"眇""噭"分别校勘为"妙""徼",但笔者认为有待商榷。

本章是在谈对"道"的认知,"无名"对"无欲","有名"对"有欲",如果仅仅通过"无欲"去观察道的微妙,通过"有欲"去观察其边界或端倪,是远远不足以表达老子的思想的。

首先,通过"无欲"去领悟"万事万物"的开始,这个"开始"是指没有实体、无形的一切存在。这个"一切"涵盖宇宙的内外,需要抵达宇宙的边际,乃至穿过宇宙到达另外的宇宙,所以这个"一切"太过遥远、幽深、厚实而宏大。于是,老子用一个宏大而无所不包的"无名"来表述。

而"妙"字一是太过单调而小气,不能描述"无名"的深厚与磅礴;二是含义太过狭隘且空泛,更不能代表"无名"的幽远与宏大。

"无名"如此的深厚、磅礴、幽远、宏大,如何进行探寻呢?按照道家的理论,只有依靠"精神""意识"才能达成,因为"精神""意识"快到可以瞬间抵达宇宙的边际乃至跨越宇宙,小到可以毫无障碍地触及物质的分子、原子等精微细小世界。

这有没有科学道理呢？答案是有的。按照现代量子理论、超弦理论等前沿物理学理论，"精神""意识"属于量子纠缠的存在，可以同时"分身"出亿万个本体，也可不借助任何介质，瞬间实现大尺度时空（如不同宇宙时空之间）或极限精微空间（如普朗克尺度①）的纠缠复制。

那么，怎样实现"精神""意识"的探寻呢？老子认为，需要消除一切杂念（无欲），处于真正的"无为"境界，才能彻底释放"精神""意识"（可以了解一下"出体""星体投射"等神秘领域的理论）。要达到这样的境界，不仅需要极高的天赋，而且需要长期正确的修炼。对于现实中的人来说，首先要做到不受外界的一切干扰，如眯起眼睛以看得专注，进而闭上眼睛，乃至关闭所有肉体的感官知觉（这属于修炼的准备工作，《老子》中没有再深入阐述）。"眇"指的就是关闭一切感官的领悟。

在探寻"无名"深远、宏大境界的时候，我们还需将上述领悟与现实中"有名"的"万事万物"予以对照，也就是通过"有欲"的主动态（即有为）去印证。如发射卫星、使用天文望远镜观测天体等实践探索，都属于"有欲"的范畴。

于是，相对于"万事万物之始"的"眇"，即关闭了一切肉体的感官之门后"反观""内视"的"万籁俱寂"，"噭"便是开启一切肉体的感官之门后所听到的"万类之音"，如现代科学家通过不同波段的电磁波和引力波去倾听、观测与

---

① 普朗克尺度，人类目前已知物理学理论中所能描述的最小尺度，由德国物理学家、量子力学的重要创始人之一马克斯·普朗克于1899年提出。

第四十五章 可道非恒

探索宇宙一样。由于"万类之音"是通过"噭"("叫"的异体字，呼喊、鸣叫）发出来的，所以"噭"所涉及的一切就是宇宙内外万事万物呈现出来的语言。

由此，"眇"可以理解为通过精神、意识去探寻万事万物的本质（无名层面），而"噭"可以理解为通过声音、语言去创造、观测万事万物的表现（有名层面）。"故恒无欲也，以观其眇；恒有欲也，以观其所噭（叫）"的意思就是："因此，要以无所作为的旁观状态去持续领悟万物之始（无名）的本质；以有所作为的主动状态去持续体察万物之母（有名）的物象。"

另外，由于老子在本章开篇明确表达了"道，可道也，非恒道也。名，可名也，非恒名也"的观点，因此，"有名"所展现出来的万事万物的"物象"，就不再是那个永恒的"名"和"道"了（也就是人类对万物的认知差异）。所以，只有在"无名""无欲"的状态下所领悟的世界才是真实的世界。这就是老子在本章最后用"众眇之门"来归纳总结全文，即用"眇"（对应"无名"与"无欲"）而不用"噭"（对应"有名"与"有欲"）的原因。

总之，"眇""噭"二字体现出老子对"道"、天地、万物与人之间关系的深邃理解，以及帛书《老子》甲本用字的考究与精妙。

值得一提的是，这里的"眇""噭"居然能够与2500年之后现代前沿物理学中的高深理论（如量子理论、超弦理论、M理论等）深度契合，是否可以理解为现代物理学研究成果在一定程度上印证了2500年前的老子思想呢？

"两者同出异名,同谓玄之有玄"断句及字义辨析

"两者同出异名,同谓玄之有玄"还有一种断句方式,即"两者同出,异名同谓。玄之有玄"。而今本等版本将其改为"此两者同出而异名,同谓之玄,玄之又玄",可见王弼、傅奕等人均赞成前一种断句方式,这是有道理的。

"两者同出,异名同谓"的意思是,"无名"与"有名"是同一回事(即同谓),笔者认为这不准确。

实际上,"无名"(万物之始,虽不可见,但客观存在)与"有名"(万物之母,因可感知,便可被认知、命名)虽然来源相同,但是存在差异,所以老子说"两者同出异名"。对于这一观点,王弼如此解读:"两者,始与母也。同出者,同出于玄也。异名,所施不可同也。在首则谓之始,在终则谓之母。"因此,"两者同出异名"的断句符合文意。

那么,"同谓玄之有玄"又是什么意思呢?这里先来解析一下"玄"字。

"玄"是会意字,如图45-1所示,其金文字形如同一束丝,丝在染色前要扎成束,染色后再晾晒,晾晒时要悬挂起

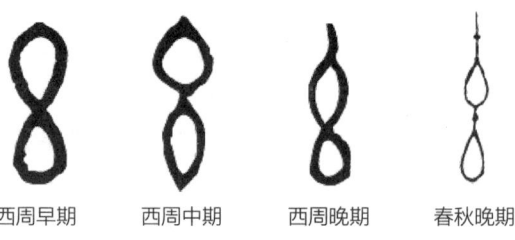

西周早期　　西周中期　　西周晚期　　春秋晚期

图45-1　"玄"字在西周与春秋时期的金文字形

来；西周晚期以后的字形，上部延伸出去或追加圆点状符号以强调悬挂。故"玄"就与"悬"有了关系。"玄"的本义是染黑，也指赤黑色，可引申为幽远、奥妙。《说文》："黑而有赤色者为玄。"《周礼·染人》："夏纁玄。"郑玄注："玄纁者，天地之色。"《广雅》："玄，天也。"故"玄"的赤黑色可引申为辽远、幽远、深远的"天"的颜色。

苏辙认为："凡远而无所至极者，其色必玄，故老子常以玄寄极也。"沈一贯认为："凡物远不可见者，其色黝然玄也。大道之妙，非意象形称之可指，深矣，远矣，不可极矣，故名之曰玄。"苏辙的意思是，因为远到了极限，所以就有了赤黑色。沈一贯则表示，"玄"是青黑色，指大道深不可测、远至极限。所以，"玄"在这里的含义就是幽远、深远、深邃。而"玄"又可引申为玄妙、神妙、奥妙、玄机、玄虚、玄幻、玄乎等含义，这些含义是怎样来的呢？众多辞书在解释这些义项时，引用的例句中，出现年代最早的就是本章的"玄之又玄"。笔者据此推测，或许正是由于古人对《老子》"玄之又玄"句有意或无意的错释，以及后世的继承与发扬，"玄"字才有了这些神秘而玄乎其玄的含义。此处待考。

另外，"玄"的金文字形看似玄曲波及莫比乌斯环造型，与DNA双螺旋结构、弦理论、超弦理论等前沿生物学、物理学理论似乎有隐秘的关联。这种伟大的巧合是否暗示我国上古大智慧早就对世界洞若观火了呢？关于这一点，笔者将在《楚简道德经甄辨》（老子新考系列二）中进行深入探讨。

我们回到"玄之有玄"。其中的"有"字，帛书甲本为"有"，帛书乙本与今本等版本均为"又"，即"玄之又玄"。

这里的"有""又"互通。通过前文的分析，我们知道"玄"是有明确含义的，所以"玄之有玄"和"玄之又玄"的含义都是明确的，而并非像历代注家（含帛书注家）所解读的那种虚无缥缈、故弄玄虚的感觉。老子明确地告诉世人，"无名的万物之始"与"有名的万物之母"不是虚无缥缈的，而是明确的幽远、深邃。

由此，"两者同出异名，同谓玄之有玄"的意思就是："'无名'与'有名'来源相同而名称相异，都属于深远之外的深远。"

【对照版本】

傅奕本

道可道，非常道。名可名，非常名。无名，天地之始；有名，万物之母。故常无欲，以观其妙；常有欲，以观其徼。此两者同出而异名，同谓之玄，玄之又玄，众妙之门。

王弼本

道可道，非常道。名可名，非常名。无名，天地之始；有名，万物之母。故常无欲，以观其妙；常有欲，以观其徼。此两者同出而异名，同谓之玄，玄之又玄，众妙之门。

河上公本

道可道，非常道。名可名，非常名。无名，天地之始；有名，万物之母。故常无欲，以观其妙；常有欲，以观其徼。此两者同出而异名，同谓之玄，玄之又玄，众妙之门。

第四十五章　可道非恒

范应元本

道可道，非常道。名可名，非常名。无名，天地之始；有名，万物之母。故常无，欲以观其妙；常有，欲以观其徼。此两者同出而异名，同谓之玄，玄之又玄，众妙之门。

第四十六章　知美恶已

（今本 2 章）

【帛书复真本】

天下皆知美为美，恶巳；皆知善，訾不善矣。有，无之相生也；难，易之相成也；长，短之相刑也；高，下之相盈也；音，声之相和也；先，后之相隋，恒也。是以声人居无为之事，行不言之教，万物昔而弗始也，为而弗志也，成功而弗居也。夫唯弗居，是以弗去。

【帛书释文本】

天下皆知美为美，恶巳（已）[一]；皆知善，訾（斯）不善矣[二]。有，无之相生也[三]；难，易之相成也；长，短之相刑也[四]；高，下之相盈也[五]；意〈音〉，声之相和也[六]；先，后之相隋（随）[七]，恒也。是以声人居无为之事[八]，行〔不言之教[九]，万物昔而弗始〕也[十]，为而弗志也[十一]，成功而弗居也。夫唯〔弗〕居，是以弗去。

【帛书出土图版原文】

甲本

天下皆知美为美，恶巳╰；皆知善，訾不善╰矣╰。有，

第四十六章　知美恶已

无之相生也；难，易之相成也；长，短之相刑也；高，下之相盈也⌐；意，声之相和也；先，后之相隋，恒也。是以声人居无为之事，行□□□□□□□□□也，为而弗志也，成功而弗居也⌐。夫唯居，是以弗去。

乙本

天下皆知美之为美，亚巳；皆知善，斯不善矣。□□□□生也；难，易之相成也；长，短之相刑也；高，下之相盈也；音，声之相和也；先，后之相隋，恒也。是以耵人居无为之事，行不言之教，万物昔而弗始，为而弗侍也，成功而弗居也。夫唯弗居，是以弗去。

【校勘注释】

〔一〕"天下皆知美为美，恶巳"句，今本等版本改为"天下皆知美之为美，斯恶巳"，文意大变，不妥，详见【考证辨真】。为：指追求并践行。恶：丑恶。巳：本义为停止，这里引申为抑制。历代注家（含帛书注家）将"巳"校释为通"矣"，解读为语气助词，或不妥。

〔二〕"皆知善，訾不善矣"句，今本等版本改为"皆知善之为善，斯不善巳"，文意大变，不妥。訾（zǐ）：厌恶、谴责、责难。《管子·形势》："訾食者不肥体。"《新唐书》："夫名盛则责望备，实不副则訾咎深。"帛书注家大多按照今本等版本将"訾"校释为通"斯"，不妥。"天下皆知美为美，恶巳；皆知善，訾不善矣"的意思是："天下人都知道什么是美，追求、践行美，丑恶就会受到抑制；天下人都懂得善、践行善,就会厌恶、谴责不善。"

〔三〕"有,无之相生也"句,今本等版本改为"故有无相生",意思大变,不妥。前者的意思是"有是从无开始萌生的",后者的意思是"有无互为其根,循环相生"。帛书注家大多按照今本等版本的主流注释来套释本句,不妥。后面类似的句式,同理。

〔四〕刑:刑刻,这里指对立而互存。帛书注家大多按照今本等版本将"刑"校释为通"形",不妥。参见第十四章(今本51章)对"刑""形"的考辨。

〔五〕盈:充满,这里指"高"与"下"因为互存的补充与充实,双方才能够独自存在。换句话说,没有"下"的比较,谈何"高"呢?

〔六〕音、声:合奏出的乐音叫作"音",单一的音响叫作"声"。

〔七〕隋:帛书整理小组校勘为"随",随后、跟随。

〔八〕帛书甲本道篇只有"声人"而无"圣人",帛书甲本德篇只有"圣人"而无"声人",这一重大规律不能被忽视。故道篇诸章的校勘,本书从帛书甲本古貌而沿用"声人"。老子的这种用字或许与上一章的"道,可道也,非恒道也"有关(道一旦被言说,就不是原本那个大道、恒道了,故圣人已经不能再有,即圣人是得真道的),且圣人遥不可及,而声人是可以通过努力实现的。这也体现了老子入世的思想,老子是一个不传玄虚之学的实在的大圣人。帛书注家几乎都将帛书《老子》道篇中的"声人"校勘为"圣人",实属不妥。

第四十六章 知美恶已

声人：比圣人低一个层次，泛指践行"大道"的那些有着巨大影响力，甚至可以左右社会价值观的大教育家、大政治家等名人，可简单理解为声望极高、影响极广的人。详见【考证辨真】。居：担当、担任。无为：这里指顺应自然，不加干涉，任凭人们去干事。

〔九〕不言：不说话，引申为不发号施令，少说多做。不言之教：非形式主义的教条般式教育，而是潜移默化的引导。"教"字取"教育、训诲"之意时，推测在战国之前针对孩子用得更多，而在两种情况下也可用于成年人，一是教者与被教者之间差距很大（地位或德行），如圣人或有德的君王像对待孩子一样去引导、教导民众；二是侧重体现谆谆教诲、殷切希望的内涵。详见第六章（今本43章）对"教"的考辨。

〔十〕"万物昔而弗始也"句，帛书甲本基本毁损，取帛书乙本补足，今本等版本改为"万物作焉而不辞"，意思大变。其中，今本等版本将"昔"改为"作"，帛书注家几乎都校勘为"作"，导致前后文意不匹配，不妥。"昔"的本义是古代洪水泛滥的日子，引申为消亡，"弗"是有限制的"不"，"始"是创始的意思，"弗始"即不乱创始、另生事端；而今本等版本的"作"是兴起、活动的意思，"不辞"意为不言、听之任之，或解读为不拒绝、不限制，与帛书文意差异明显。详见【考证辨真】。

〔十一〕今本等版本在"为而不恃"（帛书甲本为"为而弗志也"）前添加"生而不有"句，帛书甲乙本均无此句，实属多余。"为而弗志也"的"志"字，帛书注家大多按照今本等版本校释为通"恃",与后文"功成而弗居"(帛书甲乙本为"成功而弗居也")的"居"字表意重复,不妥。为:为他人而作为,即施惠于人。志:记住。弗志:不让人记住,即不求报答。

【意解译文】

天下人都知道什么是美,追求、践行美,丑恶就会受到抑制;天下人都懂得善、践行善,就会厌恶、谴责不善。有,从无开始萌生;难,由易组合而成;长,相对于短而显现;高,因为有下才得以存在;音,由单一之声混合而成;前,因有后的承接方能存续——这些都是恒久的规律。所以声人用"无为"的方式处理世事,用潜移默化的方式施行教化,听任万物自然消亡而不胡乱创始,施惠于人而不求报答,成就功业而不自居。只有不占据,才不会有失去。

【考证辨真】

"天下皆知美为美,恶已;皆知善,訾不善矣"再辨析

"天下皆知美为美,恶已;皆知善,訾不善矣"句,今本等版本改为"天下皆知美之为美,斯恶已;皆知善之为善,斯不善已"。

以上改动已经很大了,而更大的改动则是后文"有,无之相生也;难,易之相成也;长,短之相刑也;高,下之相盈也;音,声之相和也;先,后之相随,恒也",今本等版本改为"故有无相生,难易相成,长短相较,高下相倾,音声相和,前后相随",从而让相对互存、累积方成的事物关系变

第四十六章 知美恶已

成了"绝对对立"与"互为其根,循环往复"。

这样,就从两个层次上误导了历代注家(含帛书注家)对此处"美丑善恶"的解读。第一层的解读大致是:"天下人都知道美之所以为美,是因为丑的存在(或丑显露、严重了起来);天下人都知道善之所以为善,是因为不善的存在(或不善显露、严重了起来)。"第二层的解读大致是:"天下人都知道什么是美,刻意而为,那就变成了丑;天下人都知道什么是善,刻意而为,那就是不善了。"

按照帛书甲本的文句来理解,"有,无之相生也;难,易之相成也;长,短之相刑也……"的意思是:"有是从无开始萌生的,难是由易组合而成的,长是相对于短而显现的……"意思是说,"无"与"有"、"易"与"难"等相对而存,同时强调了后者是前者累积而成的这一因果关系。注意,这里老子讲的"相对而存"的关系与"绝对对立"的关系区别很大,这一点要细细品味。

由此,回过头来看"天下皆知美为美,恶已;皆知善,訾不善矣",就可以解读为:"天下人都知道什么是美,追求、践行美,丑恶就会受到抑制;天下人都懂得善、践行善,就会厌恶、谴责不善。"其中的"已"是停止、抑制的意思,"訾"是厌恶、谴责、责难的意思。

笔者在《道德经,古今有何不同》一书中,深受历代注家及众多帛书研究者的影响,将帛书甲本的"訾"校勘为"斯",将"已"理解为句末语气助词,从而导致对该句的错误理解,这里予以纠正。

"圣人"与"声人"的本义与用法辨析

我们在这里做个统计，在帛书《老子》甲本中，凡是出现"圣人"且帛书甲本原文没有毁损的相关字句如下：

第十二章（今本49章）：百姓皆属耳目焉，圣人皆孩之。

第二十三章（今本60章）：其神不伤人也，非其神不伤人也，圣人亦弗伤也。

第二十六章（今本63章）：是以圣人终不为大，故能成其大。

第二十九章（今本66章）：是以圣人之欲上民也，必以其言下之；其欲先民也，必以其身后之。

第三十一章（今本81章）：圣人无积，既以为人，己愈有；既以予人矣，己愈多。

第三十五章（今本70章）：是以圣人被褐而怀玉。

第三十六章（今本71章）：是以圣人之不病，以其病病，是以不病。

第四十三章（今本78章）：故圣人之言云曰："受邦之诟，是谓社稷之主；受邦之不祥，是谓天下之王。"

在帛书《老子》甲本中，凡是出现"声人"且帛书甲本原文没有毁损的相关字句如下：

第四十六章（今本2章）：是以声人居无为之事，

行不言之教。

第四十九章（今本5章）：声人不仁，以百省为刍狗。

第五十一章（今本7章）：是以声人芮其身而身先，外其身而身存，不以其无私舆？故能成其私。

第五十六章（今本12章）：是以声人之治也，为腹不为目。故去罢耳此。

第六十三章（今本19章）：绝声弃智，民利百负。绝仁弃义，民复畜兹。

第六十七章（今本22章）：是以声人执一，以为天下牧。

第七十一章（今本27章）：是以声人恒善救人，而无弃人，物无弃财，是谓怖明。

第七十八章（今本34章）：是以声人之能成大也，以其不为大也，故能成大。

从上述统计中可以发现一个规律：在帛书甲本中，"圣人"全部出现在德篇，德篇中没有出现"声人"；"声人"全部出现在道篇，道篇中没有一个"圣人"。而帛书乙本中，则只有"圣人"，没有"声人"。

有一种说法认为："从王道曰圣，居王道曰声。""从王道"是指参悟、顺应王道而无为，"居王道"是指执掌、践行王道而有为。也就是说，参透、顺应王道而无为的人是圣人，执掌、践行王道而有为的人是声人。换句话说，"王道"虽然被认为是儒家提出的一种与霸道相对，以仁义治天下的政治主张，但是"王道"极有可能早在春秋之前的时代就存在了，如《尚书·洪范》中就记载有"无偏无党，王道荡荡"。所以，老子以侯王、圣人、声人等词语（而非"王道"）指涉相关概念就说得通了。

可以联系上一章的"道，可道也，非恒道也"来理解。老子声明了一个概念，即"道"是可以描述并遵照执行的，但是被描述或遵照执行的"道"，就不是那个永恒的"道"了。也就是说，老子从德篇过渡并上升到道篇，正式开始"谈道""践道"时，这个"道"就不再是那个永恒的、万物本源的"大道"了。

"王道"属于"大道"中的一个细小分支，那些在道篇之中涉及"道"的人和事，几乎都属于"执掌或践行王道而有为"的人和事，这样的人就只能叫作"声人"了。而在老子正式开始"谈道""践道"之前的德篇，那些"参悟、顺应王道而无为"的人才能被称为"圣人"。这也从侧面证明了德篇确实应该放在道篇之前。

笔者推断，这或许就是帛书《老子》甲本在德篇之中有"圣人"而没有"声人"，在道篇之中有"声人"而没有"圣人"的原因（由此也可窥见帛书《老子》甲本用字之考究）。这里结合《老子》相关章节对"圣人""声人"的使用情况，对其概念进行大致界定。

所谓圣人，就是指得道的人，也就是那些得道而真正"无为"的人。这种人非常稀少，境界非常高。

所谓声人，顾名思义，就是指声望极高或声音（思想、修为）传播极广的人，但是又并非如此简单。上文谈到"从王道曰圣，居王道曰声"，结合《老子》相关章节的表述，即行王道之人，泛指践行"大道"，有着巨大影响力，甚至可以左右社会价值观的大教育家、大政治家等名人。他们比圣人低一个层次，虽然很多时候能够达到"无为而无不为"的境界，但是依然属于未"得道"之人。正所谓"道，可道也，非恒道也"，"大道"一旦被描述、被实践就会变样，甚至出现"歪嘴和尚念歪经"的情况。

有人说："太古出真人，远古出至人，上古出圣人，中古、近古出贤人和声人。"圣人境界非常高，极度稀少，如老子、庄子等；而声人也非常少，如周文王、孟子、韩非子、墨子、列子、尸子、汉武帝、朱熹、王阳明等。

一些帛书研究者将"声人"解读成单指思想、文教领域或意识形态领域的名人，而根据《老子》中对"声人"的表述来分析，这种理解是片面的。另外，一些有意无意歪曲理解"大道"而影响极广的人，也可被称为"声人"，只不过他们属于伪假、伪邪的声人范畴。老子在第六十三章（今本19章）提出"绝声弃智，民利百负"，指的就是这些伪假、伪邪的声人。

注意，老子在道篇（而非德篇）明确提出"绝声弃智"的思想，这也可以成为帛书《老子》甲本"德篇用圣人，道篇用声人"这一推断的理由。

"昔""为""志"与"作""恃"的校勘与释义

"万物昔而弗始也"句，帛书甲本基本毁损，取帛书乙本补足，王弼本（今本）为"万物作焉而不辞"。景龙本、易玄本、邢玄本、庆阳本、景福本、磻溪本、赵孟頫本、楼正本、司马光本、苏辙本、吴澄本等版本均无"焉",傅奕本和敦煌甲本为"万物作而不为始",北大汉简本为"万物作而不弗辞",范应元本为"万物作焉而不为始"。

可见,几乎所有传世版本都取用"作"字而非帛书甲本的"昔"字,而最后的"始"字,传世诸本多为"辞"。"昔"的本义是古代洪水泛滥的日子,引申为消亡,与后文的"始"(创始)前后契合,而"作"(兴起、活动)与后文的"始"则明显不太协调。这里校勘为"昔",符合古貌。

商甲骨文　　商甲骨文　　西周早期金文　　西周晚期金文

图 46-1　"昔"字的商代甲骨文、西周金文字形

"昔"是会意字,如图 46-1 所示,其甲骨文、金文字形由两部分构成,一部分从日,另一部分则是滔滔的洪水,会意为古代洪水泛滥的往日。老子将"昔"放在这里与"万物"搭配,同时后面用"弗始",强调从前已经过去、消失,不能人为强求从新来过,即应顺其自然,进而服务于"居无为之事,行不言之教"的主题。由此也可以看出,"昔"与"弗始"的搭配达到了珠联璧合的效果。

另外,"为而弗志也"的"志"字,今本等版本改为"恃",变成"为而不恃"。显然,这个"恃"字与后文"功成而弗居"（帛书甲乙本为"成功而弗居也"）的"居"字表意重复了，应属于妄改。这里的"为"字是为他人而作为的意思，即施惠于人。

所以说，"万物昔而弗始也"的对象是"万物"，"为而弗志也"的对象是"他人"，"成功而弗居也"的对象是"自己"。三句合在一起，文意连贯，前后契合。这也再一次印证了帛书《老子》甲本用字的考究与绝妙。

"万物昔而弗始也，为而弗志也"的意思就是："听任万物自然消亡而不胡乱创始，施惠于人而不求报答。"

【对照版本】

傅奕本

天下皆知美之为美，斯恶已；皆知善之为善，斯不善已。故有无之相生，难易之相成，长短之相形，高下之相倾，音声之相和，前后之相随。是以圣人处无为之事，行不言之教，万物作而不为始，生而不有，为而不恃，功成不处。夫惟不处，是以不去。

王弼本

天下皆知美之为美，斯恶已；皆知善之为善，斯不善已。故有无相生，难易相成，长短相较，高下相倾，音声相和，前后相随。是以圣人处无为之事，行不言之教，万物作焉而不辞，生而不有，为而不恃，功成而弗居。夫唯弗居，是以不去。

河上公本

天下皆知美之为美，斯恶已；皆知善之为善，斯不善已。故有无相生，难易相成，长短相形，高下相倾，音声相和，前后相随。是以圣人处无为之事，行不言之教，万物作焉而不辞，生而不有，为而不恃，功成而弗居。夫惟弗居，是以不去。

范应元本

天下皆知美之为美，斯恶已；天下皆知善之为善，斯不善已。故有无之相生，难易之相成，长短之相形，高下之相倾，音声之相和，前后之相随。是以圣人处无为之事，行不言之教，万物作焉而不为始，生而不有，为而不恃，功成而不处。夫惟不处，是以不去。

第四十七章　上贤不贤

（今本3章）

【帛书复真本】

不上贤，使民不争；不贵难得之货，使民不为盗；不见可欲，使民不乱。是以声人之治也，虚其心，实其腹，弱其志，强其骨。恒使民无知无欲也，使夫知不敢，弗为而已，则无不治矣。

【帛书释文本】

不上賢（贤）[一]，〔使民不争[二]；不贵难得之货[三]，使〕民不为〔盗〕[四]；不〔见可欲，使〕民不乱[五]。是以声人之〔治也，虚其心[六]，实其腹[七]，弱其志〕[八]，强其骨[九]。恒使民无知无欲也[十]，使〔夫知（智）〕不敢，〔弗〕为〔而已（已）[十一]，则无不治矣〕[十二]。

【帛书出土图版原文】

甲本

不上贤，□□□□□□□□□□民不为□；不□□□□民不乱⌐。是以声人之□□□□□□□□□□，强其骨。恒使民无知无欲也，使□□不敢，□为□□□□□□。

乙本

不上贤，使民不争；不贵难得之货，使民不为盗；不见可欲，使民不乱。是以耵人之治也，虚亓心，实亓腹，弱亓志，强亓骨。恒使民无知无欲也，使夫知不敢，弗为而巳，则无不治矣。

【校勘注释】

〔一〕"不上贤"句，今本等版本改为"不尚贤"，意思大变。上：上一等，指上拔、拔高。不上：不刻意拔高。详见【考证辨真】。賢："贤"的变体。

〔二〕争：争名夺利。

〔三〕贵：以……为贵，这里指有意抬高价格。货：财物。

〔四〕盗：盗贼。

〔五〕"不见可欲，使民不乱"句，帛书甲本部分缺失，以帛书乙本补足，今本等版本添加了"心"字，改为"不见可欲，使民心不乱"，不妥，"民不乱"还包括行为。见：显露。不见可欲：不显露能够引发人们贪欲的事物。

〔六〕虚：使……空虚。古人认为，心是思维的器官，因此把思想、意念、性情、情绪、感情等都说成是"心"。虚其心：使他们内心平静，无思无欲。声人：这里指诸侯王、君主等统治者。上文谈到，帛书《老子》甲本"德篇用圣人，道篇用声人"，帛书注家按照今本等版本校勘为"圣人"，不妥。参考第四十六章（今本2章）对"圣人""声人"的考辨。

〔七〕实：使……充实。

〔八〕弱：使……削弱。志：志气、意志，这里指胡作非为的意志。

〔九〕强：使……增强。

〔十〕恒：持久、永恒。今本等版本为避讳汉文帝刘恒的"恒"，将"恒"改为"常"，导致文意变化很大。参考第九章（今本46章）对"恒""常"的考辨。

〔十一〕今本等版本将"夫知（智）"改为"夫智者"，导致文意变化很大。知（智）：这里指智巧，参见第二十八章（今本65章）对"知"的考辨。这里有两种断句方式。一是"使夫知（智）不敢，弗为而已"，意思是："使那些有智巧的人也不敢贸然越规，未能犯事就停止。"这里的"弗"是矫正的意思，"已"是停止的意思。二是"使夫知（智）不敢弗为而已"，意思是："使那些懂得智巧的人不敢胡作非为罢了。"这里的"弗"是违逆、拂逆的意思，"而已"是句末语气助词。上述两种断句意思相近，都可采纳，详见【考证辨真】。

〔十二〕治：安定、太平。恒使民无知无欲也，使夫知（智）不敢，弗为而已，则无不治矣：使民众始终没有巧诈心机和私欲邪念，使那些有智巧的人也不敢贸然越规，未能犯事就停止，这样天下就没有不太平的。今本等版本将其改为"常使民无知无欲，使夫智者不敢为也，为无为，则无不治"，就有"愚民"的意思了。

【意解译文】

不刻意拔高贤才的地位,使民众不至于争名夺利;不哄抬难得财物的价格,使民众不至于去做盗贼;不显露能够引发人们贪欲的事物,使民众的心智、行为不会为此迷乱。因此,声人的治理就是要清空民众的妄念,填饱民众的肚腹,削弱民众的妄为意志,增强民众的筋骨。使民众始终没有巧诈心机和私欲邪念,使那些有智巧的人也不敢贸然越规,未能犯事就停止,这样天下就没有不太平的。

【考证辨真】

"不上贤"与"不尚贤"辨析

"不上贤"句,帛书甲乙本均如此,今本等版本改为"不尚贤",意思大变。"上"是上拔、拔高的意思,而"尚"是崇尚、推崇的意思。所以,"不上贤"应该这样理解:

> "不上贤"的意思是不给予贤人高人一等的地位,而"不尚贤"意为不推崇或注重贤人。实际上,老子是注重贤才的,所谓"事善能,动善时"。老子只是强调不要让贤者显摆自己的贤才,更不要因为有贤才就高人一等,不要主动拔高贤人的地位,进而使他们自认为高人一等。显然,今本等版本严重歪曲了老子的本意。[①]

---

① 王骥:《道德经,古今有何不同》,华文出版社,2023年1月第1版,第230页。

第四十七章　上贤不贤

"使夫知（智）不敢，弗为而已"断句与释义考辨

"使夫知（智）不敢，弗为而已"有两种断句方式，一是"使夫知（智）不敢，弗为而已"，二是"使夫知（智）不敢弗为而已"。这里分别予以解读。

"使夫知（智）不敢，弗为而已"的意思是："使那些有智巧的人也不敢贸然越规，未能犯事就停止。""夫"是第三人称代词或语气助词，"弗"是矫正的意思，"已"是停止的意思。

"使夫知（智）不敢弗为而已"的意思是："使那些懂得智巧的人不敢胡作非为罢了。""夫"是第三人称代词或语气助词，"弗"是违逆、拂逆的意思，"弗为"指擅自作为、妄为。《墨子·亲士》："君必有弗弗之臣，上必有詻詻之下。""而已"是句末语气助词。

这两种断句的意思相近，前提都是"声人之治也，虚其心，实其腹，弱其志，强其骨。恒使民无知无欲也"，即先通过清空民众的妄念，填饱民众的肚腹，削弱民众的妄为意志，增强民众的筋骨，让底层民众不再拥有巧诈心机和私欲邪念。在这样的大环境之下，"夫知（智）"们才不敢贸然行动。当然，这里的"夫知（智）"就不是庶民了，主要是指有一定野心（与无知无欲对应）、敢冒险、敢犯事（与弱其志对应）的少数人。所以说，"使夫知（智）不敢，弗为而已"是在"恒使民无知无欲也"的基础上更进一步的阐释。

总体来说，本章是在教导统治者高瞻远瞩，要从社会文化、社会价值观塑造的高度入手去治理国家与社会，目的是实现四两拨千斤的大治理，应属于"少为"与"巧为"，绝对不是今本等版本所谓"无为"。由此也可以理解老子为何在道篇使用"声人"（比圣人低一个层次）而不用"圣人"了。

【对照版本】

傅奕本

不尚贤，使民不争；不贵难得之货，使民不为盗；不见可欲，使民心不乱。是以圣人之治也，虚其心，实其腹，弱其志，强其骨。常使民无知无欲，使夫知者不敢为，为无为，则无不为矣。

王弼本

不尚贤，使民不争；不贵难得之货，使民不为盗；不见可欲，使民心不乱。是以圣人之治，虚其心，实其腹，弱其志，强其骨。常使民无知无欲，使夫智者不敢为也，为无为，则无不治。

河上公本

不尚贤，使民不争；不贵难得之货，使民不为盗；不见可欲，使心不乱。是以圣人治，虚其心，实其腹，弱其志，强其骨。常使民无知无欲，使夫知者不敢为也，为无为，则无不治。

范应元本

不尚贤，使民不争；不贵难得之货，使民不为盗；不见

第四十七章　上贤不贤

可欲,使民心不乱。是以圣人之治也,虚其心,实其腹,弱其志,强其骨。常使民无知无欲,使夫知者不敢为也,为无为,则无不为矣。

第四十八章　道沖弗盈

（今本4章）

【帛书复真本】

道冲，而用之有弗盈也。潚呵，始万物之宗。锉其锐，解其纷，和其光，同其尘。湛呵！始或存。吾不知谁子也，象帝之先。

【帛书释文本】

〔道冲（盅）〕[一]，而用之有弗〕盈也[二]。潚呵[三]，始万物之宗[四]。锉（挫）其〔锐〕，解其纷，和其光，同〔其尘[五]。湛呵[六]！始〕或（域）存[七]。吾不知〔谁〕子也，象帝之先[八]。

【帛书出土图版原文】

甲本

□□□□□□□盈也∟。潚呵，始万物之宗∟。锉其∟，解其纷∟，和其光，同□□□□□或存∟。吾不知□子也∟，象帝之先∟。

第四十八章　道沖弗盈

乙本

道沖，而用之有弗盈也。渊呵，佁万物之宗。銼亓兑，解亓芬，和亓光，同亓塵。湛呵！佁或存。吾不知亓谁之子也，象帝之先。

【校勘注释】

〔一〕"沖"字，帛书甲本缺失，帛书乙本为"沖"。"沖"是"冲"的本字，王弼本（今本）、河上公本等版本均为"冲"，傅奕本为"盅"。"冲"假借为"盅"，意为空虚。详见【考证辨真】。

〔二〕盈：满，引申为尽。

〔三〕潚（sù）：水深而清，引申为深邃。帛书注家大多按照今本等版本将"潚"校勘为"渊"，二者意思相近，这里尊重帛书原貌。呵：语气助词。

〔四〕"始万物之宗"句，帛书甲本如此，帛书乙本为"佁万物之宗"，帛书注家大多按照今本等版本校勘为"似万物之宗"，意思大变。"道"本来就是万物之宗，怎么可以说成"似万物之宗"呢？宗：这里指本源。

〔五〕"挫其锐，解其纷，和其光，同其尘"的"解其纷，和其光，同其尘"，又出现在第十九章（今本56章），有学者认为此处是衍文，当删除，或不妥，详见【考证辨真】。銼：假借为"挫"，折伤、挫败。

〔六〕湛：深邃。

〔七〕"始"字，帛书甲本缺失，帛书乙本为"佁"，今本等版本为"似"。根据帛书甲本前文"始万物之宗"（帛书乙本为"佁万物之宗"），推断此处帛书甲本原文应为"始"。"或"字，王弼本（今本）、傅奕本等版本亦均为"或"。"或"同"域"，是"國（国）"的本字，本义是以城邑为中心包括周围地区的邦国。《说文》："域，或或从土。"这里与历代主流（含帛书主流）解读截然不同。

〔八〕象：指万物的形态。象帝：万事万物的神与主宰，宇宙的本源与本体。象帝之先：处于宇宙万物的本源与本体之前。

【意解译文】

"道"虚空无形，然而它的作用无穷无尽。它是多么的深邃啊，开启万物的本源。它收敛万物的锋芒，解除万物的纷争，融合于光并调和万物光辉，混同于尘俗之中。它是多么的深厚啊，在疆域形成之前早已存在。我不知道它是从哪里来的，它在宇宙万物的本源之前便已存在。

【考证辨真】

"沖""冲""盅"辨析

在《老子》中，有三处涉及"冲"字的文句：

第五章（今本42章）：中气以为和。（帛书乙本缺失。今本：冲气以为和。）

第八章（今本45章）：大盈若淈（盅）。（帛书乙本：大盈如冲。今本：大盈若冲。）

第四十八章（今本4章）：道沖（盅），而用之有

第四十八章　道冲弗盈

弗盈也。（帛书甲本缺失，此处取帛书乙本。今本：道冲，而用之或不盈。）

笔者认为，第五章（今本42章）帛书甲本"中气以为和"正确，今本等版本属于误改；而第八章（今本45章）和本章，"冲""沖""盅""浊"相通，这里尊重帛书原貌，取用帛书乙本的"沖"。

关于"沖"字，笔者在第五章（今本42章）通过甲骨文字形对其本义进行了辨析："沖"的本义为水流涌动、激荡，后俗省作"冲"。"沖（冲）"假借为"盅"，为空虚之意，这里指"道"虚空无形而作用无穷无尽。

"挫其锐，解其纷，和其光，同其尘"是否为衍文

"挫其锐，解其纷，和其光，同其尘"的"解其纷，和其光，同其尘"又出现在第十九章（今本56章），马叙伦（《老子校诂》）、谭献（《读老子》）等学者均认为此处是衍文，当删除。此观点或不妥，这里结合上下文意进行辨析。

第十九章（今本56章）帛书甲本的"坐其阅"对应的应是本章帛书甲本的"挫其"（疑有夺字）。而帛书乙本为"挫其兑"，"兑"假借为"锐"，推测帛书甲本原文应是"挫其锐"。这样一来，本章的部分内容与第十九章（今本56章）重复就说得过去了。理由有二：

一是，本章"挫其锐"与第十九章（今本56章）"坐其阅"不同，且"解其纷，和其光，同其尘"的语序与第十九章（今本56章）不同。

二是,"挫其锐"意思就是"收敛万物的锋芒",与上文"道冲(盅)"深层含义相契合,文意连贯,前后呼应。可参考第十九章(今本56章)相关考辨。

"象帝"与"象帝之先"的本义辨析

如图 48-1 所示,根据"象"的甲骨文、金文字形,可知其本义就是大象。远古时代,象牙放久了之后,遇到打雷,象牙会出现裂纹,这个裂纹与闪电有点像,于是,古人认为这是天上有什么东西制造了雷,在象牙上展现出它的形状,这个形状也叫象。

甲骨文　　　　金文

图 48-1　"象"字的甲骨文、金文字形

第六十五章(今本21章)讲道:"道之物,唯望唯忽。忽呵望呵,中有象呵。"意思是:"'道'对万物的作用,或现或隐。它若隐若现啊,其中却有万象。它若现若隐啊,其中却有万物。"由此可知,若隐若现就是万象(本来没有,却时而显现出来,就是万物之象),若现若隐就是万物(本来有,却时而消失不见,就是万物)。

于是我们可以归纳一下,所谓象,就是指事物所展现出来的形状、外貌。所谓帝,就是指神、主宰。而与"象"结合后,"帝"就不能简单地理解为"主宰"了,因为"道"是"万物归焉而弗为主"的。故"象帝"就是万事万物的本源,宇宙的本体。而"象帝之先"就是指"道"处于宇宙本体之上,也就是说,宇宙万物都有其自身的运行规律,这个规律、本源与主导就是"道"。所以,历代注家(含帛书注家)将"道"简单地解读为"主宰宇宙万物"是不妥当的。

【对照版本】

傅奕本
道盅,而用之又不满。渊兮,似万物之宗。挫其锐,解其纷,和其光,同其尘。湛兮,似或存。吾不知谁之子,象帝之先。

王弼本
道冲,而用之或不盈。渊兮,似万物之宗。挫其锐,解其纷,和其光,同其尘。湛兮,似或存。吾不知谁之子,象帝之先。

河上公本
道冲,而用之或不盈。渊乎,似万物之宗。挫其锐,解其纷,和其光,同其尘。湛兮,似若存。吾不知谁之子,象帝之先。

范应元本
道冲,而用之又不盈。渊兮,似万物之宗。挫其锐,解其纷,和其光,同其尘。湛兮,似或存。吾不知其谁之子,象帝之先。

第四十九章　天地不仁

（今本 5 章）

【帛书复真本】

天地不仁，以万物为刍狗；声人不仁，以百省为刍狗。天地之間，亓猶橐籥與。虚而不淈，蹱而俞出。多闻数窘，不若守于中。

【帛书释文本】

天地不仁，以万物为刍狗[一]；声人不仁，以百省〔为刍〕狗[二]。天地〔之〕閒（间）[三]，〔亓（其）〕猶（犹）橐籥與[四]。虚而不淈（屈）[五]，蹱而俞（愈）出[六]。多闻数窘（穷），不若守于中[七]。

【帛书出土图版原文】

甲本

天地不仁，以万物为刍狗∟；声人不仁∟，以百省□□狗∟。天地□間，□猶橐籥與。虚而不淈，蹱而俞出。多闻数窘，不若守于中。

第四十九章　天地不仁

乙本

天地不仁，以万物为刍狗；耶人不仁，□百姓为刍狗。天地之間，亓猶橐籥與。虛而不淈，勤而俞出。多聞數窮，不若守于中。

【校勘注释】

〔一〕在古代，贵族用牛、羊、猪三牲来祭祀天地或祖先（三牲全备为太牢），而普通民众用狗来祭祀。后来，人们渐渐使用草扎的狗来代替真狗，祭祀完毕之后便会把它扔掉或烧掉。刍狗：草扎的狗，比喻轻贱的东西。

〔二〕"声人不仁，以百省为刍狗"的"声人"与"百省"，帛书注家几乎都按照今本等版本校勘为"圣人"与"百姓"，不妥。前文提到，声人比圣人低一个层次，泛指践行"大道"的那些有着巨大影响力，甚至可以左右社会价值观的大教育家、大政治家等名人，这里指的是诸侯王、君主等统治者。参考第四十六章（今本2章）相关考辨。

省：周朝天子使臣安抚邦国之礼。"百省"在这里代指邦国与人民，其中的"人民"主要指贵族（含最低等级的士人），还包括少数社会底层出身而升任官宦之人（如百里奚、管仲、傅说等特例），以及服务于贵族的"高级仆人"、地位接近于士人的平民等群体。相对而言，"百姓"在战国之前是对贵族的统称，战国之后演变为对平民的通称。所以在战国之前，"百省"的范畴比"百姓"要大，可参考第十二章（今本49章）对"百姓""百省"的考辨。

〔三〕閒："间"的异体字。

〔四〕猶:"猶(犹)"的省文。橐籥(tuó yuè):古代冶炼时用以鼓风吹火的装置,如同风箱。舆:运载、装载。今本等版本将"舆"改为"乎",众多帛书研究者将"舆"校勘为"舆(与)",亦可取。但帛书甲乙本均为"舆",故此处尊重原貌。天地之间,其犹橐籥舆:天地之间,犹如装载着大风箱。

〔五〕淈:假借为"屈",竭、尽。《说文通训定声》:"淈,假借为屈。"

〔六〕蹱(zhōng):指非常态的动,如搅动。俞:假借为"愈",更加。

〔七〕"多闻数穷,不若守于中"的"闻"字,帛书甲乙本均为"闻",今本等版本改为"言",变成了"多言数穷,不如守中",意思大变,意境大降。多:众多。闻:听取、收听。数:屡次、不间断。窮:"穷"的异体字,穷尽、穷究。中:指中空、虚空。多闻数穷,不若守于中:纠缠于众多表象之中,就会使自己陷入迷茫和困窘,与其这样,不如守住虚空、无为这个根本。详见【考证辨真】。

【意解译文】

天地无所谓仁慈,它对待万物就像对待刍狗一样,任其自生自灭。声人没有偏爱、仁爱,对待邦国与人民也像对待刍狗一样,凭其自作自息。天地之间,犹如装载着大风箱,其内在虚空方得以持续鼓风而不枯竭,越搅动风就越多,万物得以生生不息。不要纠缠于众多表象而使自己陷入迷茫和困窘,而要守住虚空、无为这个根本。

第四十九章 天地不仁

【考证辨真】

"洭""蹱"用法及含义的辨析

"虚而不洭（屈）"的"洭"假借为"屈"，是竭、尽的意思。《荀子·宥坐》："其洸洸乎不洭尽，似道。"楚简与今本等版本均为"屈"。

"蹱而愈出"的"蹱"字，楚简为"逳"，与"蹱"声同义近，当为同源字。①这里，笔者对"蹱"进行简要分析，仅供探讨。在帛书《老子》中，有两处出现该字：

第四十九章（今本 5 章）：天地之间，其犹橐籥奥。虚而不屈，蹱而愈出。

第五十二章（今本 8 章）：居善地，心善潚，予善天，言善信，正善治，事善能，蹱善时。

古代有"躘蹱"一词，意为小儿行貌、老人行貌、行立不稳貌等，引申为非常态的"动"。《广韵》："蹱，躘蹱，行不正也。"风箱的运行也不是通常人们所理解的"动"，笔者认为这里有三重内涵：

第一，这个"动"是"鼓风而动"的卷动、搅动，别有意味。

第二，这个"动"有小儿之动的内涵，孩子代表未来与希望。没有未来与希望的世界，不管怎么动，都是沉寂、肃

---

① 廖名春：《郭店楚简老子校释》，清华大学出版社，2003 年 6 月第 1 版，第 241 页。

杀的，如同搅动一潭死水。

第三，这个"动"有老人之动的内涵，老人代表知识与智慧（与老子反对的"智巧"不同）。没有知识与智慧的世界，就没有未来与希望。

因此，老子方才以这种不同寻常的"蹱"动，引喻一种让整个世界生动（生生不息、生机勃勃）、灵动起来的力量，可见帛书《老子》甲本用字之精妙。第五十二章（今本8章）"事善能，蹱善时"也有特定的含义，可参见该章相关考辨。

今本等版本将"蹱"改为"动"，虽然意思相近，但缺乏"蹱"字的内涵与意境，此处尊重帛书甲本原貌。

"多闻数穷，不若守于中"释义辨析

"多闻数穷，不若守于中"的"闻"字，帛书甲乙本均为"闻"，应该不会同时抄错。

"多"指众多；"数"指屡次、不间断；"闻"指听取、收听；"穷"指穷尽、穷究。"多闻数穷"的字面意思是："广泛地听取、收听各个方面的信息，不断地深入穷究事物的缘由。"

由此，再结合后文"不若守于中"，意思就是说，这种"多闻数穷"没有多少用处，属于不得要领，费事不讨好，甚至会产生南辕北辙的负面效果。于是，"多闻数穷，不若守于中"就升华为"抛开表面现象，而要把握根本"的意思。

老子讲了一个辩证思想，他的意思是：不要被事物复杂的声色变化所迷惑，因为事物的表象是无穷无尽的。所以，不要贪多去追求表象，而是要"守于中"，把握事物的根本。

另外，从《道德经》中"塞其闷，闭其门""知者不博，博者不知""不出于户，以知天下"等语句的意思来看，"多闻数穷"更符合老子的思想，更与老子的本意契合。[①]

【对照版本】

傅奕本

天地不仁，以万物为刍狗；圣人不仁，以百姓为刍狗。天地之间，其犹橐籥乎？虚而不诎，动而愈出。多言数穷，不如守中。

王弼本

天地不仁，以万物为刍狗；圣人不仁，以百姓为刍狗。天地之间，其犹橐籥乎？虚而不屈，动而愈出。多言数穷，不如守中。

河上公本

天地不仁，以万物为刍狗；圣人不仁，以百姓为刍狗。天地之间，其犹橐籥乎？虚而不屈，动而愈出。多言数穷，不如守中。

范应元本

天地不仁，以万物为刍狗；圣人不仁，以百姓为刍狗。天地之间，其犹橐籥乎？虚而不屈，动而愈出。多言数穷，不如守中。

[①] 王骥：《道德经，古今有何不同》，华文出版社，2023年1月第1版，第243页。

第五十章　浴神不死

（今本6章）

【帛书复真本】

浴神不死，是胃玄牝。玄牝之门，是胃天地之根。緜緜呵若存！用之不堇。

【帛书释文本】

浴神〔不〕死〔一〕，是胃（谓）玄牝〔二〕。玄牝之门〔三〕，是胃（谓）〔天〕地之根。緜（绵）緜（绵）呵若存〔四〕！用之不堇（仅）〔五〕。

【帛书出土图版原文】

甲本

浴神囗死，是胃玄＝牝＝（玄牝。玄牝）之门，是胃囗地之根˩。緜＝呵若存！用之不堇˩。

乙本

浴神不死，是胃玄＝牝＝（玄牝。玄牝）之门，是胃天地之根。緜＝呵亓若存！用之不堇。

第五十章　浴神不死

【校勘注释】

〔一〕"浴"字，帛书甲乙本均如此，帛书注家几乎都按照今本等版本校释为通"谷"，不妥。"浴"指的是包含山川溪河、陆地降雨在内的水循环体系，可简称为山川水系。浴神：山川水系及其所涉"道"的能量一起生养万物质体、精气的神，简称生养万物质体、精气之神。

注意，这与帛书注家及今本等版本的解读，即"谷神"为生养之神、"道"及其神奇与变幻不同，详见【考证辨真】。由此，"浴神不死，是谓玄牝"就可以理解为："生养万物质体、精气之神永存不灭，如同让物种代代繁衍的幽深母体。"

〔二〕玄：赤黑色，引申为幽远、深远、深邃。参见第四十五章（今本1章）对"玄"的考辨。牝：雌性的兽类，这里借喻生养万物质体、精气的山川水系与"道"的能量体系。玄牝：幽远、深邃的母性，指孕育、生养天地万物的母体。

〔三〕门：这里指造化天地、生育万物的根源。

〔四〕緜："縣"的变体，而"縣"是"绵"的异体字。绵绵：连绵不绝。若：如此、这样。

〔五〕堇：假借为"仅"，少。这里的"堇"与第三章（今本41章）"堇而行之"的"堇"不同。不仅：不会减少以至穷尽。

【意解译文】

生养万物质体、精气之神永存不灭，就是所谓的幽深母体。这个幽深的生育之门，就是天地的根本。它连绵不绝啊，它的存在，取之不尽用之不竭。

【考证辨真】

"浴神"辨析

今本等版本中的"谷神"大致有三种解读：

其一，如高亨所说："谷神者，道之别名也。谷读为榖。《尔雅·释言》：'榖，生也。'《广雅·释诂》：'榖，养也。'……谷神者，生养之神。"① 其二，如张松如、任继愈、陈鼓应等所言，"谷神"即为"道"。其三，如严复《老子道德经评点》指出，"谷神"不是偏正结构，而是联合结构。"谷"形容"道"虚空博大，像山谷；"神"形容"道"变化无穷，很神奇。

而关于帛书中的"浴神"，可参见第二章（今本39章）对"浴""谷"的考辨。"浴"指的是包含山川溪河、陆地降雨在内的水循环体系，可简称为山川水系。"浴神"指的就是由上述水循环体系及创造这一循环体系的博大的"道"的能量体系共同构成的生养乾坤万物的"质体之神"与"精气之神"，山川水系及其所涉"道"的能量一起生养万物质体、精气的神，简称生养万物质体、精气之神。

"用之不堇（仅）"文意简析

这里的"堇"假借为"仅"，是少的意思。《广雅》："堇，少也。"《康熙字典》："仅，又少也，余也。通作堇、廑，亦作廬。《礼·射义》：'盖廬有存者。'"参考第十五章（今本52章）对"堇"的考辨。"用之不堇（仅）"的意思是"无论怎么用也不会不够"，即"无论怎么用都不会穷尽"。

---

① 高亨：《老子正诂》，中国书店，1988年10月第1版，第16页。

第五十章　浴神不死

【对照版本】

傅奕本

谷神不死，是谓玄牝。玄牝之门，是谓天地之根。绵绵若存，用之不勤。

王弼本

谷神不死，是谓玄牝。玄牝之门，是谓天地根。绵绵若存，用之不勤。

河上公本

谷神不死，是谓玄牝。玄牝之门，是谓天地根。绵绵若存，用之不勤。

范应元本

谷神不死，是谓玄牝。玄牝之门，是谓天地根。绵绵若存，用之不勤。

第五十一章　天长地久

（今本7章）

【帛书复真本】

天长地久。天地之所以能长且久者，以其不自生也，故能长生。是以声人芮其身而身先，外其身而身存，不以其无私舆？故能成其私。

【帛书释文本】

天长地久[一]。天地之所以能〔长〕且久者，以其不自生也[二]，故能长生。是以声人芮其身而身先[三]，外其身而身存[四]，不以其无〔私〕舆[五]？故能成其私。

【帛书出土图版原文】

甲本

天长地久。天地之所以能□且久者，以其不自生也，故能长生﹂。是以声人芮其身而身先﹂，外其身而身存，不以其无□舆﹂？故能成其私﹂。

乙本

天长地久。天地之所以能长且久者，以亓不自生也，故

第五十一章 天长地久

能长生。是以甿人芮亓身而身先,外亓身而身先,外亓身而身存,不以亓无私舆?故能成亓私。

【校勘注释】

〔一〕长、久:指时间恒久、久远。

〔二〕以:因为。自生:为自己而生存。不自生:不为自己而生存,即尊崇"万物为主我为客"的天道精神,寓意谦卑守下。

〔三〕"芮"字,帛书甲本为"芮",帛书乙本为"仢",帛书注家大多按照今本等版本校勘为"后",文意大变。芮:小、柔弱。芮其身:身守柔弱。详见【考证辨真】。前文提到,声人比圣人低一个层次,泛指践行"大道"的那些有着巨大影响力,甚至可以左右社会价值观的大教育家、大政治家等名人。帛书注家几乎都按照今本等版本将"声人"校勘为"圣人",不妥。参见第四十六章(今本2章)对"圣人""声人"的考辨。

〔四〕外:置于其外。

〔五〕舆:运载、装载。今本等版本将"舆"改为"邪",众多帛书研究者将"舆"校勘为"舆(与)",亦可取。但帛书甲乙本均为"舆",故此处尊重原貌。"不以其无私舆?"可直译为"不是因为他的身体和心里没有装载着私心私利吗?"也就是:"难道不是因为他没有私心私利吗?"

【意解译文】

天长地久。天地之所以能够长存久远,是因为它们不为自己而运行（无私且谦卑守下），所以能够长久。因此，声人身守柔弱，反而能够领先众人；身处事外，反而能保全自己。这不正是因为他没有私心私利吗？所以能够成就自己。

【考证辨真】

"芮"字含义考辨

"是以声人芮其身而身先"的"芮"字，今本等版本改为"后"，众多帛书研究者将"芮"校勘为"退"，实属不妥。

"芮"是形声兼会意字，指草初生柔细的样子，虽然柔弱，但欣欣向荣。在这里，"芮"是小、微弱的意思。参见第五十三章（今本9章）对"芮"的考辨。"芮其身"的意思是"身守柔弱"，这正是老子"守弱谦卑居下"思想的重要体现，正所谓"弱也者，道之用也""水之胜刚，弱之胜强，天下莫弗知也，而莫之能行也""强大居下，柔弱微细居上"，等等。老子认为，圣人或声人需要弱化自身的作用，只有"守弱谦卑居下"，方才能够成就江海之大，也就是"万物为主我为客"（天道）。

因此，"芮其身而身先"的意思是："身守柔弱，反而能够领先众人。"而今本等版本中"后其身而身先"的意思则是："遇事谦虚而退后，反而能够高居人上。"但是，这种退后也有可能是因为畏惧而退后，有可能发生在与邪恶势力抗争时，甚至有可能出现在战场上，这就属于无底线、无原则的退后与无争了。

诚然，将"后其身"解读为"把自己的利益放在后面"，确实有道理,但是与帛书原貌并不吻合,综合上述分析,这里取"芮"字为宜。

【对照版本】

傅奕本

天长地久。天地所以能长且久者,以其不自生,故能长生。是以圣人后其身而身先,外其身而身存,不以其无私邪?故能成其私。

王弼本

天长地久。天地所以能长且久者,以其不自生,故能长生。是以圣人后其身而身先,外其身而身存,非以其无私邪?故能成其私。

河上公本

天长地久。天地所以能长且久者,以其不自生,故能长生。是以圣人后其身而身先,外其身而身存,非以其无私邪?故能成其私。

范应元本

天长地久。天地所以能长且久者,以其不自生,故能长生。是以圣人后其身而身先,外其身而身存,非以其无私邪?故能成其私。

第五十二章　上善治水

（今本8章）

【帛书复真本】

上善治水。水善利万物而有静，居众之所恶，故㡭于道矣。居善地，心善潚，予善天，言善信，正善治，事善能，蹱善时。夫唯不静，故无尤。

【帛书释文本】

上善治水[一]。水善利万物而有静[二]，居众之所恶[三]，故㡭（几）于道矣[四]。居善地[五]，心善潚[六]，予善〔天[七]，言善〕信[八]，正善治[九]，事善能[十]，蹱善时[十一]。夫唯不静[十二]，故无尤[十三]。

【帛书出土图版原文】

甲本

上善治水=（水。水）善利万物而有静，居众之所恶，故㡭于道矣┗。居善地，心善潚┗，予善信┗，正善治┗，事善能，蹱善时┗。夫唯不静┗，故无尤。

第五十二章 上善治水

乙本

上善如水=（水。水）善利万物而有争，居众人之所亚，故㡭于道矣。居善地，心善渊，予善天，言善信，正善治，事善能，勤善时。夫唯不争，故无尤。

【校勘注释】

〔一〕"治"字，帛书甲本如此，帛书乙本为"如"，今本等版本为"若"。由于水具有滋养万物与泛滥肆虐的两面性，故"如""若"等字不妥。

"治"即为治理，有两层含义：其一，指顺应自然而不作为（或修沟渠导流等小作为）的治理，对应水静流而滋养众生，此时的"治水"如水，属于"上善"；其二，指强力作为整治水患而使之静流，对应洪水的泛滥肆虐，此时的"治水"为治暴，例如大禹治水，也属于"上善"。"上善"意为崇尚善或至善。

〔二〕"有静"，帛书甲本如此，帛书乙本为"有争"，帛书注家大多按照今本等版本校勘为"不争"，实属不妥。详见【考证辨真】。

〔三〕"居众"，帛书甲乙本均如此，今本等版本改为"处众人"，范畴与意境变化很大。其一，这里的"众"指众生，比"众人"的范畴大得多；其二，"居"有自愿和长久的内涵，肯定优于"处"。亚：厌恶，引申为不喜欢的地方。

〔四〕㡭："幾"的变体。"幾"和"几"在古汉语中是两个字，在现代通用规范汉字中，"幾"已简化为"几"。"幾"的本义是事情细微的迹象，这里引申为接近；而"几"的本义是矮桌。

〔五〕居：停留。居善地：停留于最适合的位置。

〔六〕心：内心、内在。潚：水深而清，引申为深邃。今本等版本将"潚"改为"渊"，二者意思相近，这里尊重帛书原貌。心善潚：内在深邃而清澈。

〔七〕"予善天"句，帛书甲本疑有夺字，帛书乙本如此，今本等版本改为"与善仁"，实属不妥。予善天：给予近乎天道而不求回报。详见【考证辨真】。

〔八〕言：言辞、政令。言善信：言辞政令诚实守信。

〔九〕正：事物的主体内容，这里指常态化事务或重要事务。这些事务需要规则予以规范并持续性治理，正所谓"正己，正人，正天下"。帛书注家大多按照今本等版本将"正"校勘为"政"，不妥。参考第二十章（今本57章）对"以正之邦，以畸用兵"的考辨。正善治：常规事务与核心要务精于治理。

〔十〕事善能：做事善于选贤任能，或发挥自己和他人的长处。

〔十一〕蹱：指非常态的动，即特有的动。通常情况下，"动"即生命的运动，只有在特定情况下，"动"才需要把握时机，这或许正是老子用"蹱"的缘由。在这里，"蹱"或许还有"未来与希望""知识与智慧"的内涵，"蹱善时"就是指行动适度且善于把握时机。帛书注家大多按照今本等版本将其校勘为"动善时"，不妥。可参考第四十九章（今本5章）相关考辨。

〔十二〕"静"字，帛书甲本为"静"，帛书乙本为"争"，历代版本几乎均为"争",帛书注家大多也校勘为"争",实属不妥。详见【考证辨真】。

〔十三〕尤:过失。

【意解译文】

崇尚善或至善如同兼具治理水患与水利众生这两种优势。水滋润万物而静默无声,停留在众生不喜欢的地方而无怨,所以它在世间是最接近于"道"的。选择最适合的位置,内在深邃而清澈,给予近乎天道而不求回报,言辞政令诚实守信,常规事务与核心要务精于治理,做事善于选贤任能,行动有度且能把握时机。只有具备上述效能,才不会有过失。

【考证辨真】

从文意、语境上考辨"有静""不静""不争"的内涵

"水善利万物而有静"的"有静",今本等版本改为"不争",相对而言,"有静"不仅为帛书甲本原貌,而且符合水的特性,更有意境和深度,还能避免误导民众(即避免无底线、无原则的万事不争)。

具体来说:一是,"静"字本身包含不争的意思("不争"与"争"合一即为"静"),"静"的"不争"并非不能争或不争,而是不争则已,一旦启动则"天下无人能与之争";所以,"有静"与"不争"相比,前者不仅内涵、外延深厚,而且懂得万物运行的"度",行事知道进退与分寸。二是,"静"

比"不争"更加符合水的特性。所以,这里取用"有静"。①

同理,"夫唯不静"的"不静",今本等版本改为"不争",相对而言,"不静"不仅符合帛书甲本原貌,而且符合水的特性,更有意境和深度,也能避免误导民众。

这里引用《道德经,古今有何不同》中的考辨:

> 由于上文对"水善利万物而有静"的更正,不论从文意上,还是从结构上来说,这里都应该是帛书甲本的"不静"二字。原因在于:"水"具有像"道"一样的修为,展现出的是宏大、博爱的"静",这个"静"是相对的,肯定不是绝对的,不然就成了一潭死水;这里的"静",正如同水在"居善地,心善渊,予善天,言善信,正善治,事善能,蹱善时"这七种"为德而动"的综合作用下所呈现出的状态,犹如"赤橙黄绿青蓝紫"七种颜色的光综合在一起就变成了无色一样。②

所以,水的"有静"与"不静"是水的两面性。水因"有静"方能滋润、养育万物,因"不静"之"动"才能修德人世,造福人间。一方面,水的"动"受到"静"的制约,"水若不能'循道而流'肆意泛滥,它就会毁坏一切,人类就会失去生命的依托;人若没有'准则',譬如'德性'

---

① 王骥:《道德经,古今有何不同》,华文出版社,2023年1月第1版,第252页。
② 王骥:《道德经,古今有何不同》,华文出版社,2023年1月第1版,第252—253页。

与'法',世界就犹如'洪水'无常无序"[①];另一方面,水的"静"因"动"而更显内涵。所以,老子说"水善利万物而有静",同时告诫人们"夫唯不静,故无尤"。这里的"静"与"动"是和谐的统一体,所以老子说"上善治水"。

"予善天"和"与善仁"辨析

帛书甲本"予善信"中疑有夺字,原文应为"予善天,言善信",今本等版本将"予善天"改为"与善仁",与老子一贯的思想相左,严重误导读者。笔者在《道德经,古今有何不同》中从上下文意、老子有关"天""水"的思想、老子对"天""水"的态度、老子与儒家关于"仁"的理论对比,以及老子对"仁"的态度等五个方面进行了深入分析。这里引用两点(老子有关"天"的思想,以及老子与儒家对"仁"的看法),对此予以辨析:

> 老子在《道德经》里讲"天"的特性:"天下之道,犹张弓者也。高者印之,下者举之,有余者损之,不足者补之。"意思就是天之道,有多的就损去,有少的就补足。所以,"予善天"的意义在于:像天一样"损有余而益不足"地去"予人",方可谓之"善"。而"与善仁"的意思是以仁为善,提倡慈爱平等,给予的时候要怀着仁慈之心。"天之道"的第二层意思是只给予、滋养万物,不索取任何东西。所

---

① 王人博:《水:中国法思想的本喻》,爱思想网站,2011年1月11日,https://www.aisixiang.com/data/38313.html。

以，老子强调的"予善天"，是指给予的时候要效仿天的品性，不要索取，这才是真正的"善"，并说这是高明的做法。由此可推导出：能无私予人的，只有上天，所谓"天道无亲，恒与善人"。……

《庄子》中曾有记载：孔子拜见老子时大谈仁义，说仁义才是人的本性，"中心物恺，兼爱无私"，这就是仁义。老子却说，性情迁移才需要强调兼爱；自私太甚才需要强调无私。天地原本就有自己的运行规律，不能以自然的状态行事，不能顺应着规律去进取，却如此急切地标榜仁义，这才是扰乱了人的本性啊！所以，老子其实是很反对这种将"仁义"随时挂在嘴上的人的。[①]

【对照版本】

傅奕本

上善若水。水善利万物而不争，居众人之所恶，故几于道矣。居善地，心善渊，与善人，言善信，政善治，事善能，动善时。夫惟不争，故无尤矣。

王弼本

上善若水。水善利万物而不争，处众人之所恶，故几于道。居善地，心善渊，与善仁，言善信，正善治，事善能，动善时。夫唯不争，故无尤。

---

① 王骥：《道德经，古今有何不同》，华文出版社，2023年1月第1版，第255—256页。

第五十二章 上善治水

河上公本

上善若水。水善利万物而不争,处众人之所恶,故几于道。居善地,心善渊,与善仁,言善信,正善治,事善能,动善时。夫唯不争,故无尤。

范应元本

上善若水。水善利万物而不争,居众人之所恶,故几于道。居善地,心善渊,与善仁,言善信,政善治,事善能,动善时。夫惟不争,故无尤。

第五十三章　揈盈其已

（今本9章）

【帛书复真本】

揈而盈之，不若其已。掾而允之，不可长葆之。金玉盈室，莫之守也。贵富而驕，自遗咎也。功述身芮，天之道也。

【帛书释文本】

揈而盈之[一]，不〔若其巳（已）〕[二]。掾（揣）而允〕之{□之}[三]，〔不〕可长葆之[四]。金玉盈室，莫之守也[五]。贵富而驕（骄）[六]，自遗咎也[七]。功述身芮[八]，天〔之道也〕。

【帛书出土图版原文】

甲本

揈而盈之，不□□□□□之□之，□可长葆之⌐。金玉盈室，莫之守也⌐。贵富而驕，自遗咎也⌐。功述身芮⌐，天□□□。

第五十三章　植盈其已

乙本

植而盈之，不若亓巳。掬而允之，不可长葆也。金玉□室，莫之能守也。贵富而骄，自遗咎也。功遂身㣇，天之道也。

【校勘注释】

〔一〕"植"字，帛书甲乙本均为"植"，今本等版本为"持"，帛书整理小组校勘为"持"，这里尊重帛书原貌。植：持、拿。

〔二〕已：止，指适可而止。

〔三〕掬："揣"的异体字。"允"字，帛书甲本缺失，帛书乙本为"允"，楚简为"䏻"。允：允许、应允。帛书注家大多按照今本等版本将"允"校勘为"锐"，不妥。掬而允之：怀揣多多。详见【考证辨真】。

〔四〕"葆"有荫蔽、庇佑的内涵，参见第三十二章（今本67章）、第三十四章（今本69章）对"葆"的考辨。

〔五〕莫之守也：即莫能守之，守持不住。

〔六〕驕："骄"的异体字。

〔七〕咎：过失、灾祸。

〔八〕述：陈说，这里指诸侯或臣子向天子述职。功述：指过去的功绩告一段落。芮：小、柔弱，有开始与活力的内涵。身芮：守弱而从新开始，且充满活力。帛书注家几乎都按照今本等版本将此处的"述""芮"校勘为"遂""退"，实属不妥。详见【考证辨真】。

【意解译文】

持拿盈满，不如适可。怀藏多多，不可长保。金玉满堂，守持不住。富贵骄横，是为自己留下祸根。功成之后便告一段落，不居不贪，从新开始，这才是"天道"规律。

【考证辨真】

"㨉""允""群"考辨

"㨉（揣）而允之"的"㨉"字，帛书甲本缺失，帛书乙本为"㨉"。"㨉"是"揣"的异体字，故同"揣"，是怀藏的意思。

"㨉（揣）而允之"的"允"字，帛书甲本缺失，帛书乙本为"允"，楚简为"䞟（群）"，今本等版本为"梲（锐）"。有以下三种理解：

其一，取用帛书乙本的"允"字，意为允许、应允。"㨉（揣）而允之"的意思是"（财物等）被应允怀藏"，"揸而盈之，不若其已。㨉（揣）而允之，不可长葆之"的意思是："持拿盈满，不如适可。怀藏多多，不可长保。"

其二，取用楚简的"群"字，意为多、众多。"揸而盈之，不若其已。㨉（揣）而群之，不可长葆之"的意思是："双手捧得满满的，不如适可而止。怀里揣得多多的，不能长久保持。"

其三，取用今本等版本的"梲（锐）"字，意为锋芒，显然与前后文意不匹配，不妥。

可见，上述前两种理解均可采纳。这里尊重帛书原貌，取用"允"字。

"功述身芮"及"芮"字的含义考辨

"芮"是形声兼会意字,指草初生柔细的样子,虽然柔弱,但欣欣向荣。如图53-1所示,"芮"字在西周中期芮伯壶上的金文字形即"根在内而芽在外",而根据后世传抄古字,也可感受到其奋发进取的生命力。《说文》:"芮,芮芮,草生貌。"段玉裁注:"芮芮与茙茙双声,柔细之状。"

西周中期金文

传抄古字

楚系简帛

图53-1 "芮"字的金文、古字与楚系简帛字形

在这里,"芮"是小、柔弱的意思,体现出老子"守弱谦卑居下"的思想;同时,又蕴含着从新开始、欣欣向荣、奋发进取的内涵。

"功述身退"可以理解为,古代大臣在朝堂上向君主述职后,便退后让其他人来述职,意思是,不论过往的功绩有多大,都告一段落了,得从新开始作贡献,千万不要志得意满、居功自傲。

而"功述身芮"不仅包含"功述身退"的意思,还进一步呈现出三重重要的境界:

第一,当你取得了重大功绩,就会成为焦点,很容易引发同辈乃至敌人的"羡慕嫉妒恨",甚至受到攻击,然而你的躯体与一般人没有什么区别。所以,相对于别人,你就显得更不安全,甚至柔弱得如同初生的小草,如果不能懂得并践行老子这种弱强互生、相互转化的哲学,就会招致祸患,正所谓"木秀于林,风必摧之"。这高度体现了老子"守弱谦卑居下""弱能胜强""居下方能成江海"的思想。

第二，当你取得了重大功绩，已经告一段落并重新开始时，不宜因爱惜羽毛而处处小心谨慎、瞻前顾后，甚至不思进取，而要像刚刚出生的小草那样蓬勃向上，努力去争取更大的功绩。

第三，要对"微小、柔弱""进取、活力"等进行分寸的把握，这就需要因时因事因势而易。例如，你通过半生努力刚刚创建了一家有一定规模的公司，年轻力壮就退居二线，这肯定不可能。同理，当你为国家作出一定贡献后，就自顾自退隐山林，这也是要不得的。

所以笔者认为，从理论和现实两方面来说，"功成身退"这个成语存在逻辑瑕疵。特别是历代注家（含帛书注家）多以"为帝王打天下后，就退隐山林"等极端例子来注释，并由此将《老子》的"功述身芮"解读为"功成身退""功遂身退"等，充斥着"明哲保身、不思进取"的颓废主义思想，是不可取的。

【对照版本】

傅奕本
持而盈之，不如其已。揣而锐之，不可长保。金玉满室，莫之能守。富贵而骄，自遗其咎。成名功遂身退，天之道。

王弼本
持而盈之，不如其已。揣而锐之，不可长保。金玉满堂，莫之能守。富贵而骄，自遗其咎。功遂身退，天之道。

河上公本

持而盈之,不如其已。揣而锐之,不可长保。金玉满堂,莫之能守。富贵而骄,自遗其咎。功成名遂身退,天之道。

范应元本

持而盈之,不如其已。揣而锐之,不可长保。金玉满室,莫之能守。富贵而骄,自遗其咎。功成名遂身退,天之道。

第五十四章　营䰟抱一

（今本 10 章）

【帛书复真本】

　　戴营䰟抱一，能毋离乎？槫气至柔，能婴儿乎？脩除玄蓝，能毋疵乎？爱民栝国，能毋以知乎？天门启阖，能为雌乎？明白四达，能毋以知乎？生之，畜之。生而弗有，长而弗宰也，是胃玄德。

【帛书释文本】

　　〔戴营䰟（魄）抱一[一]，能毋离乎[二]？槫（抟）气至柔〕[三]，能婴儿乎？脩（修）除玄蓝[四]，能毋疵乎[五]？爱〔民栝国[六]，能毋以知乎[七]？天门启阖[八]，能为雌乎[九]？明（明）白四达[十]，能毋以知乎〕？生之[十一]，畜之[十二]。生而弗〔有[十三]，长而弗宰也[十四]，是胃（谓）玄〕德[十五]。

【帛书出土图版原文】

甲本

　　□□□□□□□□□，能婴儿乎⌐？脩除玄蓝，能毋疵乎？爱□□□□□□□□□□□□□□□□□？生之，畜之。生而弗□□□□□□□

□德。

乙本

戴营袙抱一，能毋离乎？槫气至柔，能婴儿乎？脩除玄监，能毋有疵乎？爱民栝国，能毋以知乎？天门启阖，能为雌乎？明白四达，能毋以知乎？生之，畜之。生而弗有，长而弗宰也，是胃玄德。

【校勘注释】

〔一〕"戴"字，帛书甲本缺失，取用帛书乙本的"戴"，今本等版本为"载"。《康熙字典》："戴，或作载。《礼·月令》：'载青旗。'《诗·周颂》：'载弁俅俅。'《音义》：'如字，又与戴同。'"戴：假借为"载"，句首语气助词，整章领词。袙：假借为"魄"。营魄：魂魄。抱一：指身体与精神合而为一。

〔二〕毋：表示坚决的"不"，即强硬的否定。参考第三章（今本41章）相关考辨。

〔三〕槫：假借为"抟（tuán）"，聚集。抟气至柔：（像婴儿一样）聚集精气就能达到柔顺的状态。

〔四〕脩："修"的异体字。修除：清理、清除。"蓝"字，帛书甲本为"蓝"，帛书乙本为"监"，今本等版本为"览"，一些帛书研究者校勘为"览"，不妥。"玄蓝"有两种理解：一是指黑色和蓝色，"修除玄蓝"即清除黑色、蓝色等杂色痕迹，意为清除内心杂念；二是指玄鉴，即明镜，引申为内心的光明，"修除玄蓝"意为清除杂念而内心光明。

〔五〕疵：缺点，瑕疵。

〔六〕"栝"字，帛书整理小组校勘为"活"，今本等版本改为"治"，帛书注家也几乎都校勘为"治"，皆不妥。"栝"指箭末扣弦处，即箭栝、矢栝，是发箭的关键之处，可引申为事物的关键。爱民栝国：爱护人民并掌握国家的关键。

今本等版本将该句改为"爱民治国"，可谓误导至深。参考第三十八章（今本73章）及《道德经，古今有何不同》第五十四章（今本10章）相关考辨。另，按照帛书甲本的用字习惯，"爱民栝国"或应为"爱民栝邦"，此处暂取帛书乙本的"国"字。

〔七〕"毋以"并不是"不用"的意思，而是对"不"的强调。能毋以知乎：难道能不知道吗？

〔八〕天门：指人体神识（精神与意识）能够自由出入的门户，与人体的三个穴位或器官有关。历代注家（含帛书注家）几乎都将其注释为"人体的耳目口鼻等感官"，不妥。详见【考证辨真】。启：开。阖：关闭。

〔九〕雌：这里指雌性的柔顺与宁静。为雌：指守雌，守住柔顺与宁静。

〔十〕明："朙"的繁文。明白：这里指明晓政令疏通。四达：指治国的礼乐政教，即礼、乐、刑、政。详见【考证辨真】。

〔十一〕生：使……产生。生之：使万物产生。

〔十二〕畜：使……储养。畜之：使万物得以储养。

〔十三〕弗有：不占为己有。

〔十四〕弗宰：不控制、主宰。

〔十五〕玄德：幽深、久远的德。参见第四十五章（今本

1章)、第六十五章(今本21章)对"玄"的考辨,以及对"孔德""玄德""恒德"的比较。

【意解译文】

形体和精神合一,能永不分离吗?精气聚集以至柔顺,能像婴儿那样纯朴吗?清除内心杂念,能够毫无瑕疵吗?爱护人民并掌控国家的关键,难道能不知道吗?神识之门的开启与关闭,能长守柔顺安宁吗?明晓政令疏通,使礼、乐、刑、政不至于悖逆,难道能不明白吗?使万物产生并得以储养,繁衍万物而不占为己有,促使万物成长而不去主宰它们,这就叫作"玄德",即幽深久远的德。

【考证辨真】

"天门"的真义辨析

历代众多注家将"天门启阖,能为雌乎"中的"天门"理解为"人体的耳目口鼻等感官",笔者不赞同。朴素地讲,人体的耳朵和鼻孔永远是开启的,更不用说此处"天门"还有其他深刻含义。笔者认为,所谓"天门",是指人体神识(比神志高,比元神低,主要包括精神和意识)出入的门户,主要包括以下几方面的内涵。

一是与心有关。古人认为,心是人体的主宰,控制着人的思维、情感和行为。《黄帝内经》:"心者,君主之官,神明出焉。"所谓"神明",就是人体的神志活动,即人体精神、意识和思维活动的外在表现,这些活动主要通过人体的眼神、表情、语言、动作等反映于外。相关的成语有心神不宁、心慌意乱、心惊肉跳、心有余悸、心安理得、心驰神往、心花怒放，等等。

由此，主宰"神明"的精神和意识（即神识）就居住在人心之中，心门的开启就是打开精神与意识的天门。《庄子·天运》："故曰：正者，正也。其心以为不然者，天门弗开矣。"成玄英疏："其心之不能如是者，天机之门拥而弗开。天门，心也。"

二是与人体的天门穴有关。天门穴位于人体两眉中印堂至前发际，意为天宫之门，又名天庭、天宫、本宫、攒竹等。传说一些远古人类曾经长有第三只眼，如同神话人物二郎神一样，第三只眼的位置大概就在天门穴。

据说，这第三只眼睛能够让人体的神识（精神与意识）与天地自然深度交流，即看到很多肉眼看不到的东西。后来，随着人们越来越被物质与欲望控制，感应天地神灵的神识越来越麻木，第三只眼便逐步向躯体内部演化，进而变成了松果体。如今在民间或一些教派中依然有"开天眼"一说，所谓"开天眼"就是指打开早已隐藏于体内的第三只眼睛。

当然，传说中的"天眼"与"天门"不同，道家所谓"天门"是指修炼元神、修炼中脉的关窍。

三是与人体最高的穴位百会穴有关。所谓"百脉交汇，百神聚集"，即指百会穴。《史记·扁鹊列传》记载，扁鹊在救治虢国太子的时候，提到"三阳五会"，百会穴即名列其中。

中医学认为，百会穴与会阴穴是构成人体气脉流转的重要组合，是任督二脉的开关。会阴穴是人体的地户，下接地气，属于任脉，属阴；而百会穴是人体的天门，上接天气，属于督脉，属阳。天门与地户相互依存，相互呼应，统摄人体真气在任督二脉正常运行，维持体内阴阳气血的平衡。

综上所述，天门就是指让人体的神识（精神和意识）能够自由出入的门户。所谓"天门启阖"，就是指人体能够随心所欲地打开或关闭包括百会、天眼、心门等在内的一切能够让神识出入的门户。这样，人体的精神与意识就不再受到时空（包括宏大的现实宇宙与精微的超弦时空①）与媒介的限制，可以瞬间抵达宇宙的任何地方乃至跨宇宙，自由自在地遨游于天界、地界、人界这"三界"之中。

在第四十五章（今本1章）讨论"故恒无欲也，以观其眇；恒有欲也，以观其所噭（叫）""众眇之门"等文句时，笔者就曾谈到老子为何要用"眇""噭"。可见，老子的选词用字，背后隐藏着一些重要的知识和学问。要真正理解《老子》的本意，没有众多跨领域知识是不行的。

"明白四达"的含义辨析

"明白四达，能毋以知乎？"被今本等版本改为"明白四达，能无为乎？"意思彻底变了。

"明白"的本义是清楚、明确，而这里的"明白"与政令有关系，指"政令疏通，普遍知道"，如《墨子·旗帜》：

---

① 超弦时空，超弦理论术语，弦乐器中的一根普通的弦，它能奏出多种美妙的音乐，而在超微观世界中，用现代任何仪器都无法观察到的弦的振动。超弦理论认为世界是多维的，按其理论推导，应当还存在六维甚至是十维时空。

"建旗其署,令皆明白知之,曰某子旗。""四达"这里指的是治国的政教礼乐,如《礼记·乐记》:"礼、乐、刑、政,四达而不悖,则王道备矣。"①

由此,"明白四达,能毋以知乎?"的意思是:"明晓政令疏通,使礼、乐、刑、政不至于悖逆,难道能不明白吗?"

"玄德"的含义辨析

"是谓玄德"的"玄"是幽深、久远的意思。苏辙:"凡远而无所至极者,其色必玄,故老子常以玄寄极也。"沈一贯:"凡物远不可见者,其色黝然玄也。大道之妙,非意象形称之可指,深矣,远矣,不可极矣,故名之曰玄。"也就是说,"玄"具有幽远、深远、深邃的含义,"玄德"即幽深、久远的德。参考第四十五章(今本1章)对"玄"的考辨。

【对照版本】

傅奕本

载营魄抱一,能无离乎?专气致柔,能如婴儿乎?涤除玄览,能无疵乎?爱民治国,能无以知乎?天门开阖,能为雌乎?明白四达,能无以为乎?生之,畜之。生而不有,为而不恃,长而不宰,是谓玄德。

王弼本

载营魄抱一,能无离乎?专气致柔,能婴儿乎?涤除玄览,能无疵乎?爱民治国,能无知乎?天门开阖,能无雌

---

① 《老子帛书校注》,徐志钧校注,学林出版社,2002年5月第1版,第189页。

乎?明白四达,能无为乎?生之,畜之。生而不有,为而不恃,长而不宰,是谓玄德。

河上公本

载营魄抱一,能无离。专气致柔,能婴儿。涤除玄览,能无疵。爱民治国,能无知。天门开阖,能无雌。明白四达,能无知。生之,畜之。生而不有,为而不恃,长而不宰,是谓玄德。

范应元本

载营魄抱一,能无离乎?专气致柔,能如婴儿乎?涤除玄览,能无疵乎?爱民治国,能无以知乎?天门开阖,能为雌乎?明白四达,能无以为乎?生之,畜之。生而不有,为而不恃,长而不宰,是谓玄德。

第五十五章　卅楅同轂

（今本 11 章）

【帛书复真本】

卅楅同一毂，当其无，有车之用也。然埴为器，当其无，有埴器之用也。凿户牖，当其无，有室之用也。故有之以为利，无之以为用。

【帛书释文本】

卅〔楅（辐）同一毂〔一〕，当其无，〔有车〕之用〔也〕〔二〕。然埴为器〔三〕，当其无，有埴器〔之用也。凿户牖〕〔四〕，当其无，有〔室〕之用也。故有之以为利，无之以为用。

【帛书出土图版原文】

甲本

卅□□□□□其无，□□之用□。然埴为器，当其无，有埴器□□□□□，当其无，有□之用也。故有之以为利，无之以为用。

乙本

卅楅同一毂，当元无，有车之用也。燃埴而为器，当元无，有埴器之用也。凿户牖，当亓无，有室之用也。故有之以为利，无之以为用⌋。

【校勘注释】

〔一〕楅：帛书整理小组校勘为"辐"，即"辐"的变体或假借，指车轮中连接轴心和轮圈的木条，即辐条，古时车轮的辐条一般是三十根，据说取法于每月三十日的数理。毂（gǔ）：车轮中心的圆木，周围与车辐的一端相接，中有圆孔，可以插轴。

〔二〕无：指毂的中间空的地方。用：作用、功用、用途。注意，此处老子通过车毂、器皿和房屋三个具体的例子，谈论事物的"无"与"有"，强调的是"无"，故应断句为"当其无，有车之用也"，而非"当其无有，车之用也"，这与"大道"的"有""无"概念有本质的区别。详见【考证辨真】。

〔三〕"然"字，帛书甲本为"然"，帛书乙本为"燃"，今本等版本为"埏"，帛书注家大多也校勘为"埏"，不妥。详见【考证辨真】。然：燃烧。埴（zhí）：黏土。然埴：指用火焙烧黏土制作器物泥坯，使之成为真正的器皿。

〔四〕今本等版本在"凿户牖"后添加"以为室"，没有必要。户牖：门窗。《说文》："半门曰户。"《字书》："一扇曰户，两扇曰门。"《说文》："牖，穿壁以木为交窗也。"段玉裁注："交窗者，以木横直为之，即今之窗也。"详见【考证辨真】。

【意解译文】

三十根辐条汇聚在车子的毂上，形成中空的车轮，才能发挥车子的作用。焙烧陶土形成器皿，形成中空的器具，才能发挥器皿装物的用途。开凿门窗，形成中空的部分，才能发挥房屋的功用。所以，万物实体的"有"给人以便利，万物虚空的"无"才能发挥功用。

【考证辨真】
"当其无，有车之用也"断句辨析

"卅辐同一毂，当其无，有车之用也"还有一种断句方式，即"卅辐同一毂，当其无有，车之用也"。这两种断句争议很大。

河上公注："'无有'谓空处故。"毕沅《老子道德经考异》亦主张"无有"连读，并引《周礼·考工记》郑玄注"以无有为用也"为佐证。老子在本章结尾时也说："故有之以为利，无之以为用。"看来老子是在同时强调"有"与"无"的，似乎第二种断句已成定论。

然而，笔者经过仔细辨析，认为老子在强调"有"与"无"的同时，更加突出了"无"字。为何这样说呢？原因有二：

其一，"有"是大家都能轻易知道的东西，属于常规思维，而"无"则是需要进一步思考才能得出的"道理"，属于更深一层次的思维，正所谓"有，无之相生也"。此处文句如果不是为了突出"无"，就属于毫无深意甚至没有价值的表述了。

其二，我们来看本章最后一句"故有之以为利，无之以为用"，其中的"有"对应的是"利"，而"无"对应的是

"用"。这个"用"字很关键,它与前文老子所列举的三个例子——"车之用也""埴器之用也""室之用也"的"用"字对应。所以说,在这三个例子中,老子就是在谈"无"的用途,有意强调"无"的作用。

综上所述,笔者认为第一种断句是正确的。

"然""埏""埏"之辨

"然埴为器"的"然"字,帛书甲本为"然",帛书乙本为"埏",帛书整理小组(国家文物局)校勘为"埏",今本等版本为"埏"。

"埏"是"埏"的异体字,有揉和之意,"埏埴"意为反复捶击黏土以制作陶器,当然,中间也少不了焙烧泥坯的环节。而"然"意为燃烧。《说文》:"然,烧也。从火,肰声。"相比较而言,这里取用甲本原文"然",或最为准确。

这里再来看看帛书甲本与王弼本(今本)的完整表述。

帛本甲本:"然埴为器,当其无,有埴器之用也。"王弼本(今本):"埏埴以为器,当其无,有器之用。"

万物皆可为"器",而"埴器"即指用黏土制作而成器皿,二者显然是有着本质区别的,由此又可管窥帛书《老子》甲本用字的准确。

"门""户""窗""牖"辨析

先来谈"门""户"。在古代,"门""户"是有区别的,一扇门叫作"户",两扇门叫作"门"。《说文》:"半门曰户。"《字书》:"一扇曰户,两扇曰门。"

接下来说"窗""牖"。

如图 55-1 所示,"窗"本作"囱",象古代半地下穴居房屋坡顶上的简易窗棂形,可以透光,也可以出烟(后来又指灶突,即烟囱)。《说文》:"囱,在墙曰牖,在屋曰囱。"后加义符"穴",以突出窗洞之意,泛指房屋、车船上通气透光的洞口。

传抄古字　　传抄古字　　传抄古字　　《说文》小篆　《说文》或体

图 55-1　"窗"字的古字和小篆字形

相对而言,"牖"意为墙上的窗户。《说文》:"牖,穿壁以木为交窗也。"段玉裁注:"交窗者,以木横直为之,即今之窗也。在墙曰牖,在屋曰窗。"

所以说,古时的"窗"指屋顶上的天窗,"牖"指在墙壁上的窗户。

【对照版本】

傅奕本

三十辐共一毂,当其无,有车之用。埏埴以为器,当其无,有器之用。凿户牖以为室,当其无,有室之用。故有之以为利,无之以为用。

王弼本

三十辐共一毂，当其无，有车之用。埏埴以为器，当其无，有器之用。凿户牖以为室，当其无，有室之用。故有之以为利，无之以为用。

河上公本

三十辐共一毂，当其无，有车之用。埏埴以为器，当其无，有器之用。凿户牖以为室，当其无，有室之用。故有之以为利，无之以为用。

范应元本

三十辐共一毂，当其无，有车之用。挻埴以为器，当其无，有器之用。凿户牖以为室，当其无，有室之用。故有之以为利，无之以为用。

第五十六章　五色目盲

（今本12章）

【帛书复真本】

五色使人目盲，驰骋田腊使人心发狂；难得之赍使人之行方，五味使人之口啪，五音使人之耳聋。是以声人之治也，为腹不为目。故去罢耳此。

【帛书释文本】

五色使人目盲[一]，驰骋田腊使人〔心发狂〕[二]；难得之赍（货）使人之行方[三]，五味使人之口啪（爽）[四]，五音使人之耳聋[五]。是以声人之治也，为腹不〔为目〕[六]。故去罢耳此[七]。

【帛书出土图版原文】

甲本

五色使人目盲╜，驰骋田腊使人□□□；难得之赍使人之行方，五味使人之口啪╜，五音使人之耳聋╜。是以声人之治也，为腹不□□。故去罢耳此。

第五十六章　五色目眣

乙本

五色使人目盲，驰骋田腊使人心发狂；难得之货○使人之行仿，五味使人之口爽，五音使人之耳□。是以耶人之治也，为腹而不为目。故去彼而取此。

【校勘注释】

〔一〕"眣（jù）"字，帛书甲本为"眣"，帛书乙本为"盲"，帛书整理小组校勘为"明"，历代版本几乎均为"盲"，帛书注家几乎都按照"明"字来解读。细察帛书甲本原图，该字既可辨认为"眣"，也可辨认为"明"。"目明"意为眼睛明亮，"目眣"意为双眼失焦而迷乱，显然后者更契合文意，故笔者校勘为"眣"字，详见【考证辨真】。至于"盲"字，是看不见的意思，用在此处不妥。五色：青、赤、黄、白、黑，这里指色彩多样。

〔二〕田：打猎。《周易·恒卦》："田无禽。""腊"意为年终合祭众神，如古代的"腊祭"。祭祀在古代属于邦国的重大事项，特别是"腊祭"，正所谓"国之大事，在祀与戎"。"田腊"指古代贵族在冬季举行的盛大狩猎活动，今本等版本改为"田猎"或"畋猎"，众多帛书研究者校勘为"田猎"，不妥。详见【考证辨真】。驰骋：骑马奔跑。

〔三〕"方"字，帛书甲本为"方"，帛书乙本为"仿"，帛书注家几乎都按照今本等版本校勘为"妨"，不妥。"方"有幽暗不明、偏离中心等内涵。《淮南子·天文训》："天道曰圆，地道曰方。方者主幽，圆者主明。"《仪礼·大射仪》："左右曰方。"郑玄注："方，旁出也。"𧴪："货"的异体字。

难得之货使人之行方：稀缺之物的吸引能够使人行为不轨。

〔四〕五味：酸、苦、甘、辛、咸，泛指各种美味。啪："爽"的异体字，损伤、坏。《楚辞·招魂》："露鸡臛蠵，厉而不爽些。"王逸注："爽，败也，楚人名羹败曰爽。"

〔五〕五音：宫、商、角、徵、羽，泛指各种乐声。耳聋：听觉失灵，也指听不出吉凶之音。

〔六〕腹：借指宁静简朴的生活，也指实在、本质的东西。目：借指巧伪多欲的生活，也指表象、虚华的东西。声人：这里指诸侯王、君主等统治者。上文谈到，帛书《老子》甲本"德篇用圣人，道篇用声人"，帛书注家几乎都按照今本等版本将其校勘为"圣人"，不妥。参考第四十六章（今本2章）对"圣人""声人"的考辨。

〔七〕"去"有两种理解：其一，与"罢"同义；其二，指对体制外人员（或非贵族）的筛选。"罢"是指对体制内官吏（或贵族）的考核与罢免，以及对现有制度的审核。耳：听，这里指按照某种原则行事。去罢耳此：对民众、官吏的引导、管理（含选拔任免），以及对邦国的治理，要按照"为腹不为目"的原则行事。帛书注家几乎都按照今本等版本将本句校勘为"故去彼取此"，不妥。详见【考证辨真】。

【意解译文】

五彩缤纷使人双目失焦，腊祭田猎使人心情狂野，稀缺之物使人行为不轨，美味佳肴使人味觉失灵，靡靡之音使人双耳失聪。因此，声人治理国家，追求人民安饱实在，而不追逐声色货利。所以，对民众、官吏的引导、管理，以及对邦国的治理,要按照"弃虚奢、持朴实"的原则行事。

【考证辨真】

"明""眀""盲"字考辨

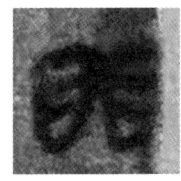 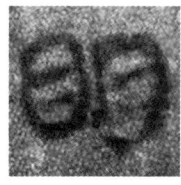  

a 帛书甲本待考文字　b 帛书甲本"明"　c 帛书甲本"明"　d 秦简"明"

图 56-1　帛书甲本待考文字与帛书甲本、秦简中的"明"字比较

如图 56-1 所示,帛书甲本"五色使人目□"的"□"字(a 字)右侧略有毁损,b 字、c 字是帛书甲本"复归其明"和"自见者不明"两句中的"明"字;d 字是秦系简牍中的"明"字。乍看之下,a 字与 b 字、c 字基本相同,可以辨认为"明",帛书整理小组也校勘为"明"字。

而经仔细辨析,可以发现:b 字右半部分的下面没有闭合,很明显是"月"字;c 字右半部分的下面虽然闭合,但其右半部分左侧的笔画有弧度,更像是撇;而 a 字右半部分左侧的笔画则更像是竖。

值得一提的是,"明"字的甲骨文、金文和楚简字形均为"日""月"合一(如图 56-2 所示),而帛书甲本的抄写时间与秦简的时代更为接近,故帛书甲本中的"明"字更接近 d 字(特别是左侧为"目"),这也造成帛书甲本中的"明""眀"字形相似。

| 甲骨文 | 金文 | 楚简 | 秦简 |

图 56-2 "明"字的甲骨文、金文、楚简与秦简字形

如果上述判断成立，那么 a 字的右半部分就是"目"，a 字即可辨析为"䀠"字。这里更重要的是对于字义的辨析。

"䀠"字意为左右惊视，目光由于惊诧而左右不定，视线无法聚焦。"目䀠"意为双眼失焦而迷乱，"五色使人目䀠"的意思是"五彩缤纷的颜色能够使人双眼失焦而迷乱"；而"目明"意为眼睛明亮，"五色使人目明"的意思是"五彩缤纷的颜色能够使人眼睛明亮"。显然，"目䀠"在此处比"目明"更契合文意。由此，笔者校勘此处的字为"䀠"字。

"田腊""田猎""畋猎"的含义及用法考辨

"驰骋田腊使人心发狂"的"田腊"，帛书甲乙本均如此，今本等版本改为"田猎"或"畋猎"，不妥。在古代，"田腊"反映的是冬季带有特定目的的狩猎，背后涉及周代礼制，涉及祭祀等重大活动。这里先从"田"说起。

"田"是打猎的意思。《周易·恒卦》："田无禽。""田"是象形字，本义为耕种的土地，为什么打猎也称为"田"呢？《公羊传·桓公四年》何休注："田者，蒐狩之总名也。古者肉食，衣皮服，捕禽者故谓之田。"意思是说，古人以肉为食,穿动物的皮毛,打猎就像种田一样,打猎也叫作"田"。

古人打猎因季节不同而有不同的称谓,《左传》《尔雅》《周礼》等文献中都有"春蒐、夏苗、秋狝、冬狩"的记载。①沈约《均圣论》:"春蒐免其怀孕,夏苗取其害谷,秋狝冬狩,所害诚多。"另,《礼记·王制》记载:"天子、诸侯无事,则岁三田。"《公羊传》:"春苗,秋蒐,冬狩。"因为夏天不是农隙,一年四次的猎事就变成了三次。

又据《周礼》等文献记载,大蒐礼是春秋时期诸侯国借用打猎活动来组织军队、任命将帅、训练士卒的重要军事活动,又是推行政策、加强统治、准备战争的重要手段。所以,不论是"春蒐"还是"秋蒐",都属于邦国军事、国防的重大活动;不论是"春苗"还是"夏苗",都是邦国重视农耕、粮草等经济活动的重大安排。

而"冬狩"有三层重要内涵。一是,《尔雅·释天》中所谓"火田为狩",郭璞注:"放火烧草,猎亦为狩。"也就是烧田为下一年的农耕做准备,顺带狩猎。二是,古代人口较少,野生动物繁殖相对过剩,人们为了争取生存空间而要进行狩猎活动,同时可以将狩猎的肉食腌制后风干或熏干,以备年关及来年食用,这些肉食叫作"腊味"。三是,上述狩猎而来的"腊味"可以用于重要的祭祀活动,比如祭祀过世的长辈,以及年终的重大祭祀(周朝叫作"大蜡",又称为"腊",下文详解)。再加上冬季的最后一个月又名"腊月",所以,"冬狩"也被称为"田腊"。应劭《风俗通义》:"腊者,

---

① 《穀梁传》对于四季打猎的称谓是"春田、夏苗、秋蒐、冬狩"。

猎也。言田猎取禽兽，以祭祀其先祖也。"

接下来，我们谈谈"腊"和"腊祭"的礼制和祭祀活动。

"腊"意为年终合祭众神，"腊祭"在古代是国家级别的重要礼制，天子要身着素服亲自参加，并以庄重的仪式致谢万物的供给。《说文》："冬至后三戌腊祭百神。"《礼记·郊特牲》："天子大蜡八，伊耆氏始为蜡。蜡也者，索也。岁十二月，合聚万物，而索飨之也。"陈澔注："索，求索其神也。合，犹闭也。闭藏之月，万物各已归根复命，圣人欲报其神之有功者，故求索而享祭之也。"南北朝有一首《腊节》诗："凝寒迫清祀，有酒宴嘉平。宿心何所道，借此慰中情。"可见古代对"腊祭"的重视。

"腊祭"在不同朝代的称呼是不一样的，夏朝叫作"清祀"，殷商叫作"嘉平"，周朝叫作"大蜡"，也称为"腊"，秦朝又改回"嘉平"。司马贞《史记索隐》："《广雅》曰：'夏曰清祀，殷曰嘉平，周曰大蜡，亦曰腊，秦更曰嘉平。'盖应歌谣①之词而改从殷号也。"应劭《风俗通义》："《礼传》：'夏曰嘉平，殷曰清祀，周曰大蜡，汉改为腊。'"

我们回到"田腊"的狩猎主题上来。在夏商周时代，冬季的"田腊"可谓一年中最大规模的狩猎活动，参与人员众

---

① 《史记·秦始皇本纪》："三十一年十二月，更名腊曰嘉平。"裴骃集解："《太原真人茅盈内纪》曰：'始皇三十一年九月庚子，盈曾祖父濛，乃于华山之中，乘云驾龙，白日升天。'先是，其邑谣歌曰：'神仙得者茅初成，驾龙上升入泰清。时下玄洲戏赤城，继世而往在我盈。帝若学之腊嘉平。'始皇闻谣歌而问其故，父老具对：'此仙人之谣歌。'劝帝求长生之术。于是始皇欣然，乃有寻仙之志，因改腊曰嘉平。"

多,大家骑在马上驰骋,展开大规模的围猎射杀。只有在冬季"田腊"的这种大场景之下,人们无所顾忌,才能够真正做到心情飞扬而狂野;而另外两到三次大规模"田猎",还有其他重要的目的,人们还要顾及军事、农事等事务安排,在这种情况下,猎手们往往顾虑重重,不可能真正达到"心发狂"。

综上所述,这里"田腊"的意思就是古代贵族在冬季举行的盛大狩猎活动,同时还要储备"腊味"并为重大祭祀活动"腊祭"准备祭品。今本等版本将"田腊"改为"田猎"或"畋猎",显然忽视了古时的礼制与习俗。

"去罢耳此"与"去彼取此"考辨

帛书《老子》甲本用字的精妙与准确,同样体现在这里。在帛书《老子》甲本中,有三处类似的表述:

> 第一章(今本38章):去皮取此。(今本:去彼取此。)
>
> 第三十七章(今本72章):去被取此。(今本:去彼取此。)
>
> 第五十六章(今本12章):去罢耳此。(今本:去彼取此。)

第一章(今本38章)"去皮取此"的"皮"和第三十七章(今本72章)"去被取此"的"被",均为帛书甲本原文,意思大致相同。而本章的"去罢耳此"则不同。我们先从"罢"字说起。

图 56-3 "罢"字的古字、秦系简牍与小篆字形

如图 56-3 所示,"罢"字繁体为"罷",是会意字,表示用网捕住贤能的人,有免去、解除、罢官之意。《说文》:"罷,遣有罪也。从网、能。言有贤能而入网,而贯遣之。"还有观点认为,"罷(罢)"的本义是用网捕"能"(熊类动物),由此引申出免除、解除等含义。在这里,"罢"是指对已任官职,即体制内官吏(或贵族)的考核与罢免,以及对现有制度的审核。

在周朝,负责考核罢免官员、废除故律旧法的官员叫作大司寇。《周礼·大司寇》:"大司寇之职,掌建邦之三典,以佐王刑邦国,诘四方。"

而"去"意为免去、去除,与"罢"字含义相近,这里有两种理解:其一,与"罢"构成同义复词;其二,"去"与"罢"相对,指对体制外人员(或非贵族)的筛选(此处待考)。"耳"是听的意思,这里指按照某种原则行事。

综上所述,"去罷(罢)耳此"的意思是:"对民众、官吏的引导、管理(含选拔任免),以及对邦国的治理,要按照'为腹不为目'的原则行事。"

第五十六章 五色目盲

【对照版本】

傅奕本

五色令人目盲，五音令人耳聋，五味令人口爽，驰骋田猎令人心发狂，难得之货令人行妨。是以圣人为腹不为目，故去彼取此。

王弼本

五色令人目盲，五音令人耳聋，五味令人口爽，驰骋畋猎令人心发狂，难得之货令人行妨。是以圣人为腹不为目，故去彼取此。

河上公本

五色令人目盲，五音令人耳聋，五味令人口爽，驰骋田猎令人心发狂，难得之货令人行妨。是以圣人为腹不为目，故去彼取此。

范应元本

五色令人目盲，五音令人耳聋，五味令人口爽，驰骋田猎令人心发狂，难得之货令人行妨。是以圣人为腹不为目，故去彼取此。

第五十七章　龙辱若惊

（今本 13 章）

【帛书复真本】

龙辱若惊，贵大梡若身。苟胃龙辱若惊？龙之为下，得之若惊，失之若惊，是胃龙辱若惊。何胃贵大梡若身？吾所以有大梡者，为吾有身也。及吾无身，有何梡？故贵为身于为天下，若可以迈天下矣；爱以身为天下，女何以寄天下。

【帛书释文本】

龙（宠）辱若惊（警）[一]，贵大梡若身[二]。苟（何）胃（谓）龙（宠）辱若惊（警）[三]？龙（宠）之为下[四]，得之若惊（警），失〔之〕若惊（警），是胃（谓）龙（宠）辱若惊（警）。何胃（谓）贵大梡若身？吾所以有大梡者，为吾有身也[五]。及吾无身[六]，有何梡？故贵为身于为天下[七]，若可以迈（托）天下矣[八]；恲〈爱〉以身为天下[九]，女（若）何（可）以寄天下[十]。

【帛书出土图版原文】

甲本

龙辱若惊，贵大梡若身⌐。苟胃龙辱若惊？龙之为下，

第五十七章 龙辱若惊

得之若惊⌐，失□若惊⌐，是胃龙辱若惊。何胃贵大梡若身⌐？吾所以有大梡者，为吾有身也。及吾无身，有何梡？故贵为身于为天下⌐，若可以迱天下矣⌐；悉以身为天下，女何以寄天下⌐。

乙本

弄辱若惊，贵大患若身。何胃弄辱若惊？弄之为下也，得之若惊，失之若惊，是胃弄辱若惊。何胃贵大患若身？吾所以有大患者，为吾有身也。及吾无身，有何患？故贵为身于为天下，若可以橐天下□；爱以身为天下，女可以寄天下矣。

【校勘注释】

〔一〕"龙（宠）辱若惊（警）"句，楚简为"人，憇辱若缨"，多一"人"字，或有深意。龙：假借为"宠"，荣耀、尊崇、荣宠。《正韵》："龙，与宠同。"详见【考证辨真】。

"辱"字是为了突出"宠"，历代注家（含帛书注家）大多将其解读为侮辱、耻辱，不妥。惊：假借为"警"，警戒、警惕。《诗经·车攻》："徒御不惊，大庖不盈。"孔颖达疏："言以相警戒也。"帛书注家几乎都将"惊"释义为惊恐，不妥，且有误导之嫌。详见【考证辨真】。

〔二〕"梡（kuǎn）"字，帛书甲本如此，帛书乙本与今本等版本为"患"，帛书注家几乎都校勘为"患"。"梡"是指虞舜时代祭祀中陈列全牲等祭品的礼器，正所谓"国之大事，在祀与戎"，祭祀用的"大梡"寓意尊贵、显赫的身份与地位。详见【考证辨真】。贵：以……为贵，重视、注重。若：如同。

〔三〕苛：帛书整理小组校勘为"何"。

〔四〕为下：以守下、谦卑的姿态对待。这符合老子的一贯思想。

〔五〕为：因为。

〔六〕及：如果。

〔七〕贵为身：以名位为自身之贵。于：用于。为天下：统治、治理天下。"贵为身于为天下"指把"贵为身"用于"为天下"，即像珍惜自己的名位一样去统治天下。

〔八〕"迊"是"託"的异体字，又是"逅"的异体字，故有两种释义：其一为"託"，意为寄托、委任，后简化借"托"表示；其二为"逅"，意为不期而遇，可解读为容易、顺利。两种释义均可，这里取用第一种释义。若：如此、这样。若可以托天下矣：这样可以委托天下。

〔九〕"爱以身为天下"指像爱惜自己的身心一样去治理天下，即不求名分与私利，而是追求责任与担当。相比起"贵为身于为天下"，更加用心付出，境界进一步提升。

〔十〕女：假借为"若"，如此、这样。寄：托付、寄托。前文的"托"与此处的"寄"，与傅奕本、范应元本一致，"托"意为委托，"寄"意为托付，程度是递进的。若可以寄天下：这样可以托付天下。

【意解译文】

宠辱若惊，贵大梡若身。什么叫作"宠辱若惊"？对待

第五十七章 龙辱若惊

尊崇或荣宠需要守下而谦卑，得到尊崇或荣宠时需要警戒犯错，失去尊崇或荣宠时需要警惕过失，这就叫作"宠辱若警"。什么叫作"贵大梡若身"？我之所以拥有身份与地位，是因为我有追求名分、私利的身心。如果我没有追求名分、私利的身心，那还有什么身份与地位可言呢？所以，像珍惜自己的名位一样去统治天下的，可以委托天下；像爱惜自己的身心一样去治理天下的，可以托付天下。

【考证辨真】

"龙（宠）辱若惊（警）"真义辨析

"龙辱若惊"句，帛书甲本如此，帛书乙本为"弄辱若惊"，楚简本为"人，憅辱若纓"，笔者将在《楚简道德经甄辨》（老子新考系列二）中进行深入探讨。

"龙"假借为"宠"。《广雅》："龙，宠也。"王念孙疏证："龙、宠声相近，故古人以二字通用。"《诗经·蓼萧》："既见君子，为龙为光。"《毛传》："龙，宠也。"

"宠"意为荣耀、尊崇、荣宠。《说文》："宠，尊居也。"《国语·楚语》："宠神其祖。"韦昭注："宠，尊也。"《国语·楚语》："赫赫楚国，而居临之，抚征南海，训及诸夏，其宠大矣。"韦昭注："宠，荣也。"《尚书·周官》："居宠思危，罔不惟畏，弗畏入畏。"孔安国传："言虽居贵宠，当思危惧，无所不畏。"《左传·昭公十年》："君以为忠，而甚宠之。"《论衡·幸偶》："不宜爱而受宠。"

何为"宠辱若警"？老子谈了三点：一是"宠之为下"；二是"得之若警"；三是"失之若警"。显然这里的"之"字代表"宠"。

上述三点都没有涉及"辱"字,侧面说明"辱"是附带于"宠"之后的配词,不可能是侮辱、耻辱的意思。"辱"在这里是为了突出"宠"字,可以不翻译,或理解为谦辞。《左传·僖公四年》:"辱收寡君,寡君之愿也。"

"若"是象形字,象跪坐的女人举双手梳理头发使顺形,这里的意思是如此、这样。"惊"假借为"警",是警戒、警惕的意思。《诗经·车攻》:"徒御不惊,大庖不盈。"孔颖达疏:"言以相警戒也。"《墨子·杂守》:"即有惊,举孔表。"孙诒让注:"惊、警同。"

由此,"宠之为下,得之若惊,失之若惊,是谓宠辱若惊"的意思是:"对待尊崇或荣宠需要守下而谦卑,得到尊崇或荣宠时需要警戒犯错,失去尊崇或荣宠时需要警惕过失,这就叫作'宠辱若惊'。"

"大梡"的本义辨析

"梡"是指虞舜时代祭祀中陈列全牲等祭品的礼器,形有四足如几案。《广韵》:"梡,虞俎名,形有足如案。"《礼记·明堂位》:"俎,有虞氏以梡。"郑玄注:"梡,断木为四足而已。"《礼记·明堂位》:"梡长二尺四寸,广一尺二寸,高一尺。"毛奇龄《辨定祭礼通俗谱》:"盖杀牲、煮牲、炙牲、烹牲皆在庙中……又将鼎肉以匕出之,而陈之木梡之上,所谓俎也。"王国维《说俎》:"有虞氏之梡,梡者完也;殷以椇,椇者具也,皆全蒸之俎。"

"大梡"就是祭祀所用的大礼器,当然是大型祭祀才会

第五十七章 宠辱若惊

用到,所以尤显尊贵和重要。我们知道,祭祀与战争是邦国的头等大事。《左传·成公十三年》:"国之大事,在祀与戎,祀有执膰,戎有受脤,神之大节也。"所以,"大梡"就寓意尊贵、显赫的身份与地位。

"贵大梡若身"的意思是"把身份与地位看得和身心一样重要",而"吾所以有大梡者,为吾有身也。及吾无身,有何梡?"的意思是:"我之所以拥有身份与地位,是因为我有追求名分、私利的身心。如果我没有追求名分、私利的身心,那还有什么身份与地位可言呢?"

【对照版本】

傅奕本

宠辱若惊,贵大患若身。何谓宠辱若惊?宠为下,得之若惊,失之若惊,是谓宠辱若惊。何谓贵大患若身?吾所以有大患者,为吾有身。苟吾无身,吾有何患乎?故贵以身为天下者,则可以托天下矣;爱以身为天下者,则可以寄天下矣。

王弼本

宠辱若惊,贵大患若身。何谓宠辱若惊?宠为下,得之若惊,失之若惊,是谓宠辱若惊。何谓贵大患若身?吾所以有大患者,为吾有身。及吾无身,吾有何患?故贵以身为天下,若可寄天下;爱以身为天下,若可托天下。

河上公本

宠辱若惊,贵大患若身。何谓宠辱?辱为下,得之若惊，失之若惊，是谓宠辱若惊。何谓贵大患若身？吾所以有大患者，为吾有身。及吾无身，吾有何患？故贵以身为天下者，则可寄于天下；爱以身为天下者，乃可以托于天下。

范应元本

宠辱若惊，贵大患若身。何谓宠辱？宠为下，得之若惊，失之若惊，是谓宠辱若惊。何谓贵大患若身？吾所以有大患者，为吾有身。苟吾无身，吾有何患？故贵以身为天下者，则可以托天下矣；爱以身为天下者，则可以寄天下矣。

第五十八章　视之弗见

（今本 14 章）

【帛书复真本】

视之而弗见，名之曰微。听之而弗闻，名之曰希。揗之而弗得，名之曰夷。三者不可至计，故囷而为一。一者，其上不攸，其下不忽，鬙鬙呵不可名也，复归于无物。是胃无状之状，无物之象，是胃忽望。隋而不见其后，迎而不见其首。执今之道，以御今之有，以知古始，是胃道纪。

【帛书释文本】

视之而弗见，名之曰瞥〈微〉[一]。听之而弗闻，名之曰希[二]。揗之而弗得[三]，名之曰夷[四]。三者不可至计[五]，故囷（混）〔而为一〕[六]。一者，其上不攸（收），其下不忽（忽）[七]，鬙（寻）鬙（寻）呵不可名也[八]，复归于无物。是胃（谓）无状之状，无物之〔象，是胃（谓）忽望（望）[九]。隋（随）而不见其后[十]，迎〕而不见其首。执今之道，以御今之有[十一]，以知古始[十二]，是胃（谓）〔道纪〕[十三]。

【帛书出土图版原文】

甲本

视之而弗见，名之曰瞽。听之而弗闻⌐，名之曰希。撋之而弗得，名之曰夷⌐。三者不可至计⌐，故圆□□□=（□。一）者，其上不做⌐，其下不忽，擎=呵不可名也，复归于无物⌐。是胃无状之状，无物之□□□□□□□□□而不见其首。执今之道，以御今之有⌐，以知古始，是胃□□。

乙本

视之而弗见，□之曰微。聰之而弗闻，命之曰希。○撋之而弗得，命之曰夷。三者不可至计，故绲而为一=（一。一）者，亓上不谬，亓下不忽，擎=呵不可命也，复归于无物。是胃无状之状，无物之象，是胃汤望。隋而不见亓后，迎而不见亓首。执今之道，以御今之有，以知古始，是胃道纪。

【校勘注释】

〔一〕"瞽"字，帛书整理小组校勘为"微"。微：细、小。"微"在这里指无形。

〔二〕希：稀少，后作"稀"。"希"在这里指没有声音，即无声，描述的是"道"难以听闻、难以感知的特性。

〔三〕撋（mín）：抚、摹。

〔四〕夷：平、平坦。"夷"在这里指因平坦、平滑，摸起来没有粗糙凸起，引申为无痕无迹。

〔五〕"至计"，今本等版本为"致诘"（追问考究），帛书注家大多也校勘为"致诘",意思大变,不妥。至:到。计:计算、度量。"三者不可至计"指"微""希""夷"这三者无法清楚地度量分辨。

〔六〕囵(hùn):"混"的异体字,这里指混同(而非混合,即各自保持独立的属性)。注意,"微""希""夷"是从三个不同视角观察"道"所得到的三种感官属性,它们如果"混合",就可能使各自独立的属性消失,故这里的"混"不能解读为"混合"。

〔七〕"上""下"在这里可理解为"上限"(溯源而上)和"下限"(顺势而下)。"攸"字,帛书甲本为"攸",帛书乙本为"谬",今本等版本为"皦",帛书注家大多校释为通"皦",意思大变,不妥。"攸"字,《集韵》注音为"收",方成珪考证《晋书》《通典》等典籍后,注:"盖其字作攸,音收,俗作攸。"故"攸"字有两种释义:一是假借为"收",意为收敛、聚集;二是同"攸",或为"攸"的繁文,意为迅疾、急速。这里取用第一种释义。物:"忽"的异体字,这里指消散、消失。帛书注家大多按照今本等版本将"物"校勘为"昧",意思大变,不妥。详见【考证辨真】。

〔八〕鄩:帛书整理小组校勘为"寻"。寻寻:这里指寻根究底。《说文》:"寻,绎理也。"帛书注家大多按照今本等版本将"寻寻"校勘为"绳绳",意为连续不断,意思大变,不妥。

〔九〕朢:"望"的异体字,这里指显现,正所谓"月满为望"。"忽望"即若有若无的样子,与第六十五章(今本21章)"道之物,唯望唯忽。忽呵望呵,中有象呵。望呵忽呵,中有物呵"的"忽望"意思相近。帛书注家大多按照今本等版本将"忽望"校勘为"惚恍",准确性和境界大降。详见【考证辨真】。

〔十〕隋:帛书整理小组校勘为"随"。

〔十一〕"执今之道,以御今之有"句,被今本等版本改为"执古之道,以御今之有",意思大变。前者的意思是法随时变,后者的意思遵循古法治理现世。有:指具体事物。

〔十二〕古始:初始、起源。

〔十三〕纪:法度、准则。道纪:"道"的法则。

【意解译文】

看它却看不见,叫作微小无形;听它却听不到,叫作静寂无声;摸它却摸不到,叫作无痕无迹。这三者无法清楚地度量分辨,所以混同而为一体。这个"一体"溯源而上不收敛聚集,顺势而下不弥散消失,寻根究底也没法描述它的形象,只好回归到无形无象的状态。这就是没有形状的形状、不见物体的形象,这就是若有若无。跟随它,看不到它的项背;面对它,看不到它的头颅。把握今天的"道",用它来驾驭今天的事物,以此推知古时的起源,这就是"道"的法则。

【考证辨真】

今本等版本对"微""希""夷"的改动

今本等版本对《老子》的改动,有时实在令人难以接受,如本章对"微""希""夷"等字的改动。此处引用《道德经，古今有何不同》中的辨析：

> "视之而弗见，名之曰微"的"微"字，帛书甲乙本均为"微"字，今本等版本为"夷"字。或许是因为后者将"揗"改为"搏"字之后，文意不通，于是就改"微"字为"夷"字（将"微""夷"二字交换位置）；但还是不通，于是又改字的意思，硬要说"夷的意思是无色"。①

后来，很多注家认为"夷为无色"的观点实在说不通，于是又有人将"夷"解读为"无形"，将"微"解读为"无体"。显然，"无形""无体"含义又重复了，还是无法自圆其说。

神秘文化对"微""希""夷"的解释

为了帮助大家进一步理解"微""希""夷"的概念，这里分享一些民间传说中古人的解释，仅供参考。

《聊斋志异》："如是年余，女忽病，瞀闷懊憹，恍惚如见鬼状。妻抚之曰：'此为鬼病。'生曰：'端娘已鬼，又何鬼之能病？'妻曰：'不然。人死为鬼，鬼死为聻（jiàn）。鬼之畏聻，犹人之畏鬼也。'"

关于人死为鬼，《礼记·祭义》记载："众生必死，死必归土，此之谓鬼。"故有人将"鬼"解读为"归"，有"生者为过客，死者为归人"的说法。道家典籍《云笈七签》记

---

① 王骥：《道德经，古今有何不同》，华文出版社，2023年1月第1版，第284页。

载，人有天、地、人三魂，天魂为太和清气所化，名曰胎光；地魂为阴气之变，名曰爽灵；人魂名曰幽精。人死后，天魂胎光回归太和；地魂爽灵收回五岳阴间；人魂幽精归于水府，再入轮回，入幽冥之前即为鬼形。《左传·昭公七年》："鬼有所归，乃不为厉。"

"鬼死为聻"的说法，或许来自刘义庆《幽明录》："人死为鬼，鬼死为聻，聻死为希，希死为夷。""聻"字或许正是本章帛书甲本的"瞥"（校勘为"微"）。《五音集韵》中也有记载："人死作鬼，人见惧之；鬼死作聻，鬼见怕之。"也就是说，鬼是人死后的状态，而聻是鬼态的进阶。传说中，聻生存的地方叫作"聻冥幽境"，聻以鬼为食，鬼见到聻也会惧怕。而当聻死后，会成为一种看也看不见的状态。所以，民间流传的驱邪符咒上，常常写有这个字，鬼见了都得避于千里之外。

上文提到"聻死为希，希死为夷"。"希夷"（又是灵芝的别名）指虚寂玄妙的神仙境界，谓登高而去，长生不变；之后要么转世修炼，堕入人世循环，要么与天地融合，魂归虚无，进入永恒境界。

无论是哪种状态，神态虽亡，神识犹在，神格和"希夷"的神识记忆万劫不朽、永恒不灭，如同《心经》所谓"不生不灭，不垢不净，不增不减"。

人鬼殊途，而跳出了生死轮回的"聻"与超脱了天地五行的"希夷"在本质上非常接近，它们都处在"视之而弗见""听之而弗闻""揩之而弗得"的状态。人会死，鬼会变，聻之后，"希夷"永不消亡。《老子》中反复陈述的"道"，所谓"大音希声,天象无刑",正是如此"断绝天地、至高无上"的状态。

"攸(收)"与"惚(忽)"辨析

"其上不攸(收),其下不惚(忽)"的"攸"同"收",是收敛、聚集的意思。今本等版本将"攸"改为"皦",不妥。有帛书研究者将"攸"校勘为"攸",意为迅疾,也有道理。根据前后文意,这里校勘为"收"更加合理。

惚:"忽"的异体字,这里指消散、消失。《尔雅·释诂》:"忽,尽也。"《广韵》:"忽,灭也。"《诗经·皇矣》:"是绝是忽。"《毛传》:"忽,灭也。"今本等版本将"惚"改为"昧",不妥。

另外,"忽"又可假借为"汩(mì)",意为潜藏,引申为不分明、捉摸不透。《楚辞·招隐士》:"罔兮汩,憭兮栗。"洪兴祖注:"汩,潜藏也。""忽"字的这个含义在之后的多个篇章均会涉及。

"其上不收,其下不忽"的意思是:"溯源而上不收敛聚集,顺势而下不弥散消失。"这就与前文"微""希""夷"三者"合而不化,混而独存"的属性与意境相呼应,同时又与后文"寻寻呵不可名也,复归于无物"的文意相契合。

【对照版本】

傅奕本

视之不见名曰夷,听之不闻名曰希,搏之不得名曰微。此三者不可致诘,故混而为一。一者,其上之不皦,其下之不昧，绳绳兮不可名，复归于无物。是谓无状之状，无物之象，是谓芴芒。迎之不见其首，随之不见其后。执古之道，可以御今之有，能知古始，是谓道纪。

王弼本

视之不见名曰夷，听之不闻名曰希，搏之不得名曰微。此三者不可致诘，故混而为一。其上不皦，其下不昧，绳绳不可名，复归于无物。是谓无状之状，无物之象，是谓惚恍。迎之不见其首，随之不见其后。执古之道，以御今之有，能知古始，是谓道纪。

河上公本

视之不见名曰夷，听之不闻名曰希，搏之不得名曰微。此三者不可致诘，故混而为一。其上不皦，其下不昧，绳绳不可名，复归于无物。是谓无状之状，无物之象，是为忽恍。迎之不见其首，随之不见其后。执古之道，以御今之有，以知古始，是谓道纪。

范应元本

视之不见名曰几，听之不闻名曰希，搏之不得名曰微。此三者不可致诘，故混而为一。其上不皦，其下不昧，绳绳兮不可名，复归于无物。是谓无状之状，无物之象，是谓芴芒。迎之不见其首，随之不见其后。执古之道，以御今之有，能知古始，是谓道纪。

第五十九章　古之善道

（今本15章）

【帛书复真本】

古之善为道者，微眇玄达，深不可志。夫唯不可志，故强为之容，曰：与呵，其若冬涉水；猷呵，其若畏四邻；严呵，其若客；涣呵，其若凌泽；沌呵，其若楃；湷呵，其若浊；湉呵，其若浴。浊而情之，余清；女以重之，余生。葆此道不欲盈。夫唯不欲盈，是以能蔽而不成。

【帛书释文本】

〔古之善为道者[一]，微眇玄达〕[二]，深不可志[三]。夫唯不可志，故强为之容[四]，曰：与呵[五]，其若冬〔涉水；猷呵[六]，其若〕畏四〔邻；严〕呵[七]，其若客；涣呵[八]，其若凌（凌）泽[九]；〔沌（纯）〕呵[十]，其若楃[十一]；湷〔呵[十二]，其若浊；湉呵[十三]，其〕若浴[十四]。浊而情之，余清[十五]；女以重之[十六]，余生[十七]。葆〈葆〉此道不欲盈[十八]。夫唯欲〔盈，是〕以能〔蔽而不〕成[十九]。

【帛书出土图版原文】

甲本

□□□□□□□□□，深不可志。夫唯不可志，故强为之容，曰：与呵，其若冬□□□□□畏四□□呵，其若客；涣呵，其若凌泽；□呵，其若樸；涽□□□□□若浴⌐。浊而情之，余清⌐；女以重之，余生。葆此道不欲盈。夫唯不欲□□以能□□□成。

乙本

古之□为道者，微眇玄达，深不可志。夫唯不可志，故强为之容，曰：与呵，亓若冬涉水；猷呵，亓若畏四㗜；严呵，亓若客；涣呵，亓若凌泽；沌呵，亓若朴；涽呵，亓若浊；漣呵，亓若浴。浊而静之，徐清；女以重之，徐生。葆此道□□欲盈，是以能蔽而不成。

【校勘注释】

〔一〕"道"字，帛书甲本缺失，以帛书乙本补足，今本等版本改为"士"，或是有意将"士"提到"道"的高度。在古代，士阶层是最低级的贵族阶层，西周时期拥有一定数量的田地，能文能武；春秋到战国逐步分化，成为知识分子、政治说客和新兴地主，诸子百家几乎都属于士阶层；从秦汉开始，逐渐失去贵族身份，为平民之首，大多为儒生出身，属于待选官员的知识分子群体。今本等版本的改动，将"道"的实践论改换成"士"的人生认知论，使得文意与基调大变。

〔二〕眇：这里指关闭一切感官达到"反观""内视"的境界，寓意以神识辨别本真。参见第四十五章（今本1章）对"眇"的考辨。玄：幽远、深远。微眇玄达：以神识辨别世间万物，深远而通透，故能直达本真。今本等版本将"微眇玄达"改为"微妙玄通"，众多帛书研究者将"眇"校勘为"妙"，不仅使得文意大变、意境大降，而且导致表意玄虚含混。

〔三〕志：揣测。《仪礼·大射仪》："不以乐志。"郑玄注："志，意所拟度也。"帛书注家大多按照今本等版本将"志"校勘为"识"，不妥。

〔四〕容：形容、描绘。

〔五〕与：这里指参与。帛书注家大多按照今本等版本将"与"校勘为"豫"，意思大变。详见【考证辨真】。另，今本等版本将本章的"呵"校勘为"焉"或"兮"，不符合古貌。

〔六〕猷：法则、大道。帛书注家大多按照今本等版本将"猷"校勘为"犹"，意思大变，不妥。详见【考证辨真】。

〔七〕严：有严格要求自己，以求精进的意思。帛书注家大多按照今本等版本将"严"校勘为"俨"，意思大变。"严呵，其若客"的意思是："肃穆而严格要求自己啊，好像赴宴做客一样认真。"

〔八〕涣：流动、流散。《说文》："涣，散流也。"

〔九〕凌："凌"的异体字。凌泽：指冰凌消融成泽。今本等版本将"凌泽"改为"冰之将释"，众多帛书研究者将"泽"校勘为"释"，均缺少了帛书表意的大气与丰富内涵。

〔十〕沌（chún）："纯"的异体字，纯粹。《集韵》："沌，音淳,与纯同,粹也。"

〔十一〕"楃"的本义是在野外搭建的供自我使用的木屋。在老子的思想里,"楃"与"本我""自我""元气",乃至"道""德""器""万物"皆有关联,有时能代表"道"或"道"的特征,这里指简易、拙朴、浑朴,类似于"朴"。参见第七十二章(今本28章)对"楃""朴"的考辨。

〔十二〕湷(hún):假借为"浑",指天然浑厚的样子。帛书注家大多按照今本等版本将"湷"校勘为"混",意思变了。

〔十三〕湁:"旷"的异体字,开阔、豁达。

〔十四〕"浴"指的是包含山川溪河、陆地降雨在内的水循环体系,范畴比"谷"大得多。其若浴:如同山川溪河洗涤、润泽山谷一样洁净、清明。参考第二章(今本39章)对"浴""谷"的考辨。

〔十五〕"浊而情之,余清"句,帛书甲本如此,帛书乙本为"浊而静之,徐清",历代传世诸本亦多将其中"情""余"二字改为"静""徐",帛书注家也几乎都校勘为"静""徐",意思大变,不妥。"浊"即浑浊,借指经历本章上文所述"七大为道过程和状态"之前混沌未开的状态。"情"即情感,借指经历本章上文所述"七大为道过程和状态"的情理感悟。详见【考证辨真】。

〔十六〕"女以重之",帛书甲乙本均如此,应该不会同时抄错。"女"即《老子》中"牝""母"的概念。古称怀孕为"重身",省作"重"。《黄帝内经》:"人有重身,九月而瘖。"王冰注:"重身,谓身中有身,则怀妊者也。"帛书注

| 第五十九章　古之善道 |

家几乎都按照今本等版本将"女""重"校勘为"安""动"，意思大变，不妥。

〔十七〕余：我，借代所有为道之人。帛书注家几乎都按照今本等版本将"余"校勘为"徐"，意思大变，不妥。

〔十八〕"葆"有荫蔽、庇佑的内涵，参见第三十二章（今本67章）、第三十四章（今本69章）对"葆"的考辨。盈：满。不欲盈：不过分索求。

〔十九〕蔽：遮挡、遮盖。

【意解译文】

古代善于行道的人，辨识深远通透，高深得难以揣测。正因为难以揣测，所以只能勉强描绘：他参与其中啊，选择、把握时机好像冬天涉水一样谨慎；他持规守道啊，好像畏惧四邻一样端方谨敬；他肃穆而严格要求自己啊，好像赴宴做客一样认真；他融合洒脱啊，好像冰凌消融成泽；他纯粹朴实啊，好像临时建造的木屋那样朴拙；他天然浑厚啊，好像不清的浊水；他豁达明彻啊，好像浴润山谷一样空明洁净。由此，为道者从混沌之初开始情理感悟而开化清明，如同雌性孕育生命一样得以新生。遵循"道"的人不过分索求。正因为不过分索求，所以宁愿守成而不急于求成。

【考证辨真】

"与"与"豫"辨真

"与呵，其若冬涉水"的"与"，帛书甲乙本均为"与"，今本等版本改为"豫"。很多帛书研究者或许受到历代版本的影响，解读为"与"通"豫"。当"与"通"豫"时，确有迟疑、怀疑之意，但并没有慎重的内涵。《庄子·大宗师》："与乎其觚而不坚也。"陆德明释文："与，疑貌。"

由此，如果此处用"豫"字，那么描述的对象就变成了胆小怕事、遇事犹豫不决的人，还谈得上"为道"吗？这似乎倒很符合古代部分儒生（即士）见到权势大或官阶高者所表现出的唯唯诺诺、瞻前顾后、胆小怕事、疑虑不决的性格。

实际上，"与"字在这里指参与，也就是"为道"的第一步，首先要参与进来。如果一直站在门外，永远都不能成为"为道者"。

综上所述，这里用"与"字，上下文意连贯；而用"豫"字则更适应古代一部分士人为侍奉权贵找根据的目的。"与呵，其若冬涉水"的意思是："参与其中啊，选择、把握时机好像冬天涉水一样谨慎。"

"猷"与"犹"辨真

"猷呵，其若畏四邻"的"猷"，帛书甲本缺失，帛书乙本为"猷"，今本等版本改为"犹"，意思大变。

"猷"在这里指法则、大道。《诗经·巧言》："奕奕寝庙，君子作之。秩秩大猷，圣人莫之。"郑玄笺："猷，道也。大道，治国之礼法。"而"犹"在这里只能理解为警觉、戒备。

"猷呵，其若畏四邻"的意思是："持规守道啊，好像畏惧四邻一样端方谨敬，以此保持距离。"而"犹兮若畏四邻"的意思则是："警觉戒备啊，好像害怕四面受敌。"二者可谓天壤之别。

"女以重之，余生"考辨

"浊而情之，余清；女以重之，余生"句，帛书甲本如此，帛书乙本为"浊而静之，徐清；女以重之，徐生"，今本等版本文字各有差异，但基本都是将"情"改为"静"，将"女"改为"安"，将"重"改为"动"，将"余"改为"徐"。其中值得一提的是，遂州本为"浊而静之，徐清；安以动之，徐生"，其文句字数与表述方式与帛书甲乙本一致。

我们先来重点关注"女以重之，余生"，这里提供三种解读方式。

第一，历代注家（含帛书注家）几乎都校勘为"安以动之，徐生"，意思是："安静于动中变化，慢慢就会显露生机。"

这种解读的问题在于，"女"和"余"假借为"安"和"徐"，本身就比较牵强，即使这种假借成立，此处也要具体问题具体分析，不宜这样简单理解。

第二，将"女"校勘为"汝"，将"余"校勘为"徐"。这样理解起来很直观，"女以重之，余生"意思就是："如果你重视上述七种为道过程和状态，慢慢就会获得新生。"

第三，由于帛书甲乙本产生于不同时期，且均为"女以重之"，应该不会同时抄错，因此笔者认定，帛书甲本"女以重之，余生"极有可能是《老子》原貌。那么，这是什么意思呢？

实际上，老子是运用比喻，说明"为道者"在经历"与呵、獸呵、严呵、涣呵、纯呵、湆呵、湉呵"这七大过程和状态后，就会上升到很高的境界，如同获得新生。

在这里，"余"指代所有为道之人。"重"即"重身"，意为怀孕。《黄帝内经》："人有重身，九月而瘖。"王冰注："重身，谓身中有身，则怀妊者也。"干宝《搜神记》："其妻重身当产。"刘向《列女传》："知重而入，遂得为嗣。""女"就是指怀孕的雌性，即《老子》中"牝""母"的概念。"女以重之，余生"的意思是："（为道者）如同雌性孕育生命一样得以新生。"

老子对"牝""母"有着极高的评价，往往使其与"道"联动，如"玄牝之门，是谓天地之根""天下有始，以为天下母""有国之母，可以长久""有名，万物之母也"。这符合老子"弱胜强""谦卑守下"的重要思想，如"天下之牝，天下之郊也""牝恒以靓胜牡"，等等。

综上所述，笔者倾向于第三种解读。

"浊而情之，余清"考辨

我们回过头来，继续考辨"浊而情之，余清"。

如上文所述，"浊而情之，余清"句，帛书甲本如此，帛书乙本为"浊而静之，徐清"，传世诸本基本都是将"情"改为"静"，将"余"改为"徐"

"情"字在帛书《老子》甲本中大量使用，大多被后世版本改为"静"。

"浊"即浑浊，借指经历本章上文所述"七大为道过程和状态"之前混沌未开的状态。"情"即情感，借指经历本章上文所述"七大为道过程和状态"所投入的情感、心思与感悟（即情理感悟）。"余"指代所有为道之人。

"浊而情之，余清"的意思是："经历上述'七大为道过程和状态'的情理感悟，为道者从之前混沌未开的状态，得以开化而清明。"

【对照版本】

傅奕本

古之善为道者，微妙玄通，深不可识。夫惟不可识，故强为之容，曰：豫兮若冬涉川，犹兮若畏四邻，俨若客，涣若冰将释，敦兮其若朴，旷兮其若谷，混兮其若浊。孰能浊以澄，靖之而徐清？孰能安以久，动之而徐生？保此道者不欲盈。夫惟不盈，是以能敝而不成。

王弼本

古之善为士者，微妙玄通，深不可识。夫唯不可识，故强为之容：豫焉若冬涉川，犹兮若畏四邻，俨兮其若容，涣兮若冰之将释，敦兮其若朴，旷兮其若谷，混兮其若浊。孰能浊以静之徐清？孰能安以久，动之徐生？保此道者不欲盈。夫唯不盈，故能蔽不新成。

河上公本

古之善为士者，微妙玄通，深不可识。夫唯不可识，故强为之容：与兮若冬涉川，犹兮若畏四邻，俨兮其若客，涣兮若冰之将释，敦兮其若朴，旷兮其若谷，浑兮其若浊。孰能浊以静之徐清？孰能安以久动之徐生？保此道者不欲盈。夫唯不盈，故能蔽不新成。

范应元本

古之善为士者，微妙玄通，深不可测。夫惟不可测，故强为之容：豫兮若冬涉川，犹兮若畏四邻，俨兮其若容，涣兮若冰之将释，敦兮其若朴，旷兮其若谷，浑兮其若浊。孰能浊以靖之而徐清？孰能安以久，动之而徐生？保此道者不欲盈。夫惟不盈，故能敝不新成。

第六十章　至虚守情

（今本 16 章）

【帛书复真本】

至虚极也，守情表也。万物旁作，吾以观其复也。天物云云，各复归于其根，曰情。情，是胃复命。复命，常也。知常，明也。不知常，帀帀作兇。知常容，容乃公，公乃王，王乃天，天乃道，道乃久，沕身不怠。

【帛书释文本】

至虚极也[一]，守情表也[二]。万物旁（傍）作[三]，吾以观其复也[四]。天物云云[五]，各复归于其〔根，曰情〕[六]。情，是胃（谓）复命[七]。复命，常也[八]。知常，明（明）也[九]。不知常，帀帀作兇（凶）[十]。知常容[十一]，容乃公[十二]，公乃王[十三]，王乃天[十四]，天乃道，〔道乃久〕，沕身不怠（怠）[十五]。

【帛书出土图版原文】

甲本

至虚极也，守情表也。万物旁作，吾以观其复也。天物云＝，各复归于其□□□＝（□。情），是胃复＝命＝（复命。

复命），常也。知常，明也。不知常，芇＝作兇。知常容＝（容，容）乃公＝（公，公）乃王＝（王，王）乃天＝（天，天）乃道，□□□，沕身不怠。

乙本

至虚极也，守鞭督也。万物旁作，吾以观元复也。天物抎＝，各复归于亓根，曰鞭＝（鞭。鞭），是胃复＝命＝（复命。复命），常也。知常，明也。不知常，芒＝作凶。知常容＝（容，容）乃公＝（公，公）乃王，□□天＝（天，天）乃道＝（道，道）乃，没身不殆。

【校勘注释】

〔一〕至：达到。帛书本的"至"与今本等版本的"致"不同，前者有向着极高目标而去的内涵，而后者偏重"致力于"的表意。虚：虚空，也可理解为事物的内在事理。极：极限、极点。

〔二〕情：情绪、情感、实情、本性。"表"有两种释义：一是标准、表率；二是表面，即显露于外。于是，"守情表也"也有两种释义：一是守住事物实情、本性与本源，作为观察万物的标准；二是坚守一切情绪于外，即排空一切情绪与杂念。根据上下文意，第一种释义涉及事物本性、本质，第二种释义则与前文"虚"字高度契合、相互呼应，两种理解皆可。帛书注家大多按照今本等版本将"情"校释为通"静"，将"表"校勘为"笃"，实属不妥。

〔三〕"旁"有三种释义：一是假借为"傍"，依靠、依赖，如《庄子·齐物论》："奚旁日月，挟宇宙。"《逸周书·王会解》："旁天子而立于堂上。"二是旁边，如《玉篇》："旁，犹边也，侧也。"三是广、大，如《说文》："旁，溥也。"《广雅》："旁，广也。"上述第二、第三种释义为主流释义。结合文意，三种释义均可，如按照第一种释义解读，"傍作"指万物遵循"道"而蓬勃生长，与后文"各复归于其根"正相呼应。作：兴起、生长、活动。

〔四〕复：指循环往复。

〔五〕"天物云云"句，帛书甲本如此，帛书乙本为"天物沄（芸）沄（芸）"，今本等版本为"夫物芸芸"。帛书注家大多也校勘为"夫物芸芸"，即将"云"校释为通"芸"，不妥。楚简为"天道员员"，别有深意，待考。"云云"指繁茂、众多，还有周旋回转、循环往复的内涵。注意，这种一个字或一个词兼具两层甚至多层含义的用法在《老子》中比较多。而"芸芸"则缺乏这种境界与韵味，此处尊重帛书甲本原貌。详见【考证辨真】。

〔六〕根：根本、根源。情：情感、本性，这里指本性的牵系和生命的孕育与循环。"各复归于其根，曰情"的意思是："各自都要回归本源，这就是万物的情感与本性（即属性与生命规律）。"帛书注家几乎都按照今本等版本将"情"校释为通"静"，实属不妥。

〔七〕命：这里指本性的牵系。"复命"有两种理解：一是本性的牵系或复归本性；二是从循环往复中开启下一次生命，即孕育新的生命。这里"复命"的含义，反证了前文"曰情"的正确性与帛书《老子》甲本用字的考究，"情"字的深度与意境绝非今本等版本的"静"字能够企及。

〔八〕常：经常、常态。"常"与"恒"有本质区别，详见【考证辨真】。

〔九〕明：明晓、明智。

〔十〕帉（huāng）：头巾。《广雅》："帉，幞也。"《玉篇》："帉，巾也。"兇："凶"的异体字。帉帉作兇：如同被头巾遮住双目而必遭凶险。今本等版本将"帉帉"改为"妄"，历代注家（含帛书注家）将"帉帉"校勘为"妄妄"，实属不妥。

〔十一〕容：宽容、包容。

〔十二〕公：公允、公正。

〔十三〕王：指天下归随。

〔十四〕天：自然。

〔十五〕沕：潜藏、隐灭。㠯：帛书整理小组校勘为"怠"，待考。怠：松懈、怠情。《说文》："怠，慢也。""沕身不怠"的意思是："大道藏而不露，需要长久修炼方能感悟，不可懈怠。"帛书注家几乎都按照今本等版本将"沕身不怠"校勘为"没身不殆"，意思变成"终身没有危险"，实属不妥。

【意解译文】

使心灵虚空达到极点，排空一切情绪与杂念（或守持本性、本源这一标准）。万物遵循"道"而蓬勃生长，我以此观察它们的循环往复。天下万物纷繁运行，最后各自返回本源，这就叫作"情"。情，即为本性的牵系和生命的孕育与循环。本性的牵系和生命的孕育与循环是自然的常态与规律，认知常态与规律就叫作明智，不认知常态与规律就如同被头巾遮住双目而必遭凶险。认知常态与规律的人才会宽宏大度，宽宏大度才能公正无私，公正无私才能让天下归服，天下归服才叫作符合大道。大道长远恒久，藏而不露，需要长久修炼方能感悟，不可懈怠。

【考证辨真】

"云云"与"芸芸"的含义和用法辨析

"天物云云"的"云云"是繁茂、众多的意思。《庄子·在宥》："万物云云，各复其根。"成玄英疏："云云，众多也。"沈约《述僧中食论》："万事云云，皆三者之枝叶耳。"陈子昂《麈尾赋》："天之浩浩兮物亦云云，性命变化兮如丝之棼。"李东阳《桂岩书院题》："冠裳皆秩秩，礼乐漫云云。"

同时，"云云"还有周旋回转、循环往复的内涵。《吕氏春秋·圜道》："云气西行，云云然。"高诱注："云，运也，周旋运布，肤寸而合，西行则雨也。"

所谓"天物云云"，即天下万物纷繁众多，都要遵循天道（自然规律）运行，开启"生而复死，死而复生"这样循环往复的旅程。而今本等版本将"天物云云"改为"夫物芸芸"，实际上就是指万物，缺乏帛书甲本的境界与内涵。

"常"字含义辨析

帛书《老子》中的"恒"字，今本等版本为了避讳汉文帝刘恒的"恒"，均改为"常"字。"常"和"恒"是有区别，可参考第九章（今本46章）相关考辨。

除此之外，在帛书《老子》中，还有几处涉及"常"

字。笔者将帛书《老子》甲本中出现"常"字的文句列示于此：

第十五章（今本52章）：毋遗身央，是谓袭常。
第十八章（今本55章）：和曰常，知和曰明。
第六十章（今本16章）：复命，常也。知常，明也。不知常，市市作凶。知常容。

其中，"毋遗身央，是谓袭常"的意思是："始终都不丢弃事物本身的重心，这才叫作遵循'常道'。""和曰常，知和曰明"的意思是："纯和叫作'常道'，知道纯和的叫作明智。"也就是说，维持生命内在环境与外在表现的圆融、和谐，是生命的常态。

而"复命，常也。知常，明也。不知常，市市作凶。知常容"的意思是："本性的牵系和生命的孕育与循环是自然的常态与规律，认知常态与规律就叫作明智，不认知常态与规律就如同被头巾遮住双目而必遭凶险。认知常态与规律的人才会宽宏大度。"也就是说，生命在"道"的作用下，通过"自组织"，循环往复，回归到原始的根本，是本能，是规律，是生命的常态。

可见，上述三处"常"，都属于"常态"范畴。这种常态是指事物或生命在演化过程中所表现出来的普遍规律，其大方向是不可更改的，是恒定的，而具体道路则千差万别，正所谓"条条大路通罗马"。老子选用"常"来表述，用词非常考究。

第六十章　至虚守情

【对照版本】

傅奕本

致虚极，守靖笃。万物并作，吾以观其复。凡物芸芸，各归其根。归根曰靖，靖曰复命。复命曰常，知常曰明。不知常，妄作凶。知常容，容乃公，公乃王，王乃天，天乃道，道乃久，没身不殆。

王弼本

致虚极，守静笃。万物并作，吾以观复。夫物芸芸，各复归其根。归根曰静，是谓复命。复命曰常，知常曰明。不知常，妄作凶。知常容，容乃公，公乃王，王乃天，天乃道，道乃久，没身不殆。

河上公本

至虚极，守静笃。万物并作，吾以观其复。夫物芸芸，各复归其根。归根曰静，是谓复命。复命曰常，知常曰明。不知常，萎作凶。知常容，容乃公，公乃王，王乃天，天乃道，道乃久，没身不殆。

范应元本

致虚极，守静笃。万物并作，吾以观其复。凡物芸芸，各归其根。归根曰静，静曰复命。复命曰常，知常曰明。不知常，妄作凶。知常容，容乃公，公乃王，王乃天，天乃道，道乃久，殁身不殆。

第六十一章　大上下知

（今本 17 章）

【帛书复真本】

大上，下知有之。其次亲誉之，其次畏之，其下母之。信不足，案有不信。猷呵，其贵言也。成功遂事，而百省胃我自燃。

【帛书释文本】

大上[一]，下知有之[二]。其次亲誉之[三]，其次畏之[四]，其下母之[五]。信不足，案有不信[六]。〔猷呵〕，其贵言也[七]。成功遂事，而百省胃（谓）我自燃（然）[八]。

【帛书出土图版原文】

甲本

大上，下知有之。其次亲誉之，其次畏之，其下母之。信不足，案有不信ㄴ。□□，其贵言也。成功遂事ㄴ，而百省胃我自燃ㄴ。

乙本

大上，下知又□。亓□亲誉之，亓次畏之，亓下母之。

信不足，安有不信。猷呵，亓贵言也。成功遂事，而百姓胃我自然。

【校勘注释】

需要说明的是，笔者在《道德经，古今有何不同》中采用了楚简的文字，同时采纳了其他学者的观点，将本章主题定义为"君与士"（君王与民众）的关系。关于这一点，笔者将在《楚简道德经甄辨》（老子新考系列二）中进行深入探讨。这里尊重帛书甲乙本原貌，并将本章主题定义为"道与民众"的关系。

〔一〕大上：大道为上。老子认为，道大、天大、地大、王大，在这"四大"中，道最大。因此，"大上"只能是指"道"，而不可能是历代注家（含帛书注家）所谓的"君王"。

〔二〕"下"被历代注家（含帛书注家）解读为"民众"，实在有些牵强。"下知有之"即"知有之"为下，也就是"知道有'道'就已经在'道'之下了"，可译为"最好循'道'而为"。

由此引申出两层含义：其一，一旦知道了"道"，便懂得自身与"道"及"得道者"的差距，已经在"道"之下了；其二，既然知道了"道"，因万物皆在其下并遵循其规律运行，那么最好的办法就是循"道"而为。这里的释义与历代注家（含帛书注家）的观点几乎完全不同。

〔三〕亲誉：亲近并赞誉。

〔四〕畏之：指畏惧道。

〔五〕下：这里指不可取。母：这里指掌管、统领。母之：这里指违背"道"而自以为是。

〔六〕案：乃、于是。《荀子·臣道》："是案曰是，非案曰非，是事忠君之义也。"《战国策·赵策》："秦与梁为上交，秦祸案攘于赵矣。"

〔七〕猷：法则、大道。《诗经·巧言》："奕奕寝庙，君子作之。秩秩大猷，圣人莫之。"郑玄笺："猷，道也。大道，治国之礼法。"贵言：惜言，即不多说。"猷呵，其贵言也"即本想大谈"道"，但是惜言，体现了老子"谦卑守下"的思想。

〔八〕"百省"在战国之前范围大于"百姓"，主要指贵族（含最低等级的士人），还包括少数社会底层出身而升任官宦之人（如百里奚、管仲、傅说等特例），以及服务于贵族的"高级仆人"、地位接近于士人的平民等群体，这里可译为"人们"。相对而言，"百姓"在战国之前是对贵族的统称，战国之后演变为对平民的通称。参考第十二章（今本49章）对"百姓""百省"的考辨。燚："燚"的繁文，而"燚"是"然"的异体字。自然：自身本来的规律。详见【考证辨真】。

【意解译文】

大道为上，最好循"道"而为，其次亲近并赞誉"道"，再次畏惧"道"而远离"道"，最不可取的是违背"道"而自以为是。世道诚信不足，才有了不信任。本想大谈"道"，但是需惜言啊。这样成功业、办大事，人们会说我本来就是这样的，即尊道贵德。

【考证辨真】

"太"与"大"的关系辨析

"大"字早在殷商时代就有了,它是象形字,如图61-1所示,象张开手脚顶天立地的人形。

甲骨文　　西周金文　　楚系简帛　　秦系简牍

图61-1　"大"字的甲骨文、金文、楚简、秦简字形

先秦时代没有"太"字,"大"即是"太",古音也读"大"为"太",如"大王""大上""大后""大守",亦即"太王""太上""太后""太守";之后才演变出"太","大"和"太"的形、音、义才区别开来。

《礼记·祭统》:"然后会于大庙。"郑玄注:"始祖庙也。"江沅《说文释例》:"古只作'大',不作'太''泰'。《易》之'大极',《春秋》之'大子''大上',《尚书》之'大誓''大王王季',《史》《汉》之'大上皇''大后',后人皆读为'太'。或径改本书,作'太'及'泰'。"

由此可知,"大上"即"太上",在古代可以指君王、皇帝。然而,本章的"大上"在《老子》中属于特别的词语,只能指"道"。

这是因为,老子在其他章节进行了明确的阐释与界定,正所谓"道大,天大,地大,王亦大",以及"人法地,地法天,天法道,道法自然"。在上述"四大"中,"道"是最大的"大",而"王"是最小的"大"。而历代注家(含帛书注家)大多按照今本等版本将这里的"大上"释义为君王,不妥。

"自然"的本义考辨

我们日常理解的"自然"是指天然、不造作、自由发展等,而《老子》中"自然"的含义则不同。

图 61-2　"然"字的金文、古字、楚系简帛字形

我们先从"然"字说起。"然"是会意兼形声字,始见于春秋早期金文,如图 61-2 所示,字形像把狗肉放在火上烤的样子。通过楚系简帛的字形(d字)看得更清楚:右上方是犬,左上方是肉,下方是火,表示用火烤,"肉"与"犬"共同构成"肰"(狗肉),"肰"也兼表声。

另外,《说文》中还收录了一个异体字"䕼"(b字),徐铉等学者认为该字重复,因为"艸部"也收录了"䕼"字。段玉裁则认为,"然"字或体"䕼"应写作"爇"(c字),或古本作"蘷",传抄的过程中夺"火"。这个说法应该是正确的,笔者在汉代之后传抄的先秦古字中找到了这两个字。

"然"的本义是燃烧,后作"燃"。《孟子·公孙丑上》:

"若火之始然,泉之始达。"《资治通鉴》:"火未及然。"《老子》中"自然"的"然"正是燃烧的意思,"自然"就是自己燃烧,自为体,燃为用。那么,"然"为什么能与"道"及其核心规律联系起来(如"道法自然"),且被老子如此高看呢?

"道生一,一生二,二生三,三生万物。""道"从"无"开始创生了天地乾坤、万事万物,也就是"有"。在古人看来,让世间万事万物从"有"迅速转化为"无",回归"道"的初始状态(即"是谓复命")的方式就是燃烧。比如一块木材是完好无缺的"有",点燃后,很快就变成了"无";又如一座宫殿,雄伟而壮阔,一场大火过后就回归到"无"了。所以,古人认为"然"是最能够体现"道"的核心规律的现象。

"无"和"有"构成了宇宙间的一切,体现了万物循环往复的衍化与转变,人们通过"然"获得了对其最快、最有说服力的认知,认知之后的"无"和"有"就变成了"无名"和"有名",正所谓"无名,万物之始也;有名,万物之母也"。

因此,《老子》中的"自然"就是自己燃烧,也就是自己从"无"到"有"后,再从"有"到"无",循环往复,自发创生。

第六十九章(今本 25 章)谈到"人法地,地法天,天法道,道法自然",其中"道法自然"就是指"道"取法于它本来的运行规律。"道"是高于一切的存在,宇宙间万事万物,甚至跨宇宙的、看不见的事物都来源于它的创生。如此高大上的"道",怎么可能取法于"自然界"呢?所以,一些注家将"道法自然"的"自然"解读为"大自然"或"自然界的自由发展与演化",笔者不认同。

【对照版本】

傅奕本

太上,下知有之。其次亲之,其次誉之,其次畏之,其次侮之。故信不足焉,有不信。犹兮,其贵言哉。功成事遂,百姓皆曰我自然。

王弼本

太上,下知有之。其次亲而誉之,其次畏之,其次侮之。信不足焉,有不信焉。悠兮,其贵言。功成事遂,百姓皆谓我自然。

河上公本

太上,下知有之。其次亲之誉之,其次畏之,其次侮之。信不足焉。犹兮,其贵言。功成事遂,百姓皆谓我自然。

范应元本

太上,下知有之。其次亲之誉之,其次畏之侮之。故信不足焉,有不信焉。犹兮,其贵言哉。功成事遂,百姓皆曰我自然。

第六十二章　道废有仁

（今本 18 章）

【帛书复真本】

故大道废,案有仁义。知快出,案有大伪。六亲不和,案有畜兹。邦家闷乳,案有贞臣。

【帛书释文本】

故大道废[一],案有仁义[二]。知（智）快出[三],案有大伪。六亲不和[四],案有畜兹[五]。邦家闷乳（乱）[六],案有贞臣[七]。

【帛书出土图版原文】

甲本

故大道废⌐,案有仁义。知快出⌐,案有大伪。六亲不和⌐,案有畜兹。邦家闷乳⌐,案有贞臣。

乙本

故大道废,安有仁义。知慧出,安有□□。六亲不和,安又孝兹。国家闷㐱,安有贞臣。

【校勘注释】

〔一〕故：所以、因此。《老子》本不分章，这里承接上一章的内容。废：停止、废止。《尔雅·释诂》："废，止也。"大道废：大道衰微，即被偏废。

〔二〕案：乃、于是。《荀子·臣道》："是案曰是，非案曰非，是事忠君之义也。"《战国策·赵策》："秦与梁为上交，秦祸案攘于赵矣。"

〔三〕"知"与"智"同源，这里的"知"同"智"，指智巧（包含智慧、心机、巧诈等内涵），参见第二十八章（今本65章）对"知""智"的考辨。

〔四〕六亲：这里泛指亲人、亲戚。

〔五〕畜：培养、培植。兹：滋生，这里指培植持久的力量。畜兹：这里指培护家族和睦、兴旺的力量。帛书注家大多按照今本等版本将"畜兹"校勘为"孝慈"，不妥，"孝慈"只是形成上述力量的重要因素之一。参见第三十二章（今本67章）相关考辨。

〔六〕"悶"或属早已失传的字，根据其上"问"下"心"的字形推测，或有两种含义：其一，"问心"即不出声，引申为密闭、封闭，类似于"闷"（注意，"悶"不是"闷"的异体字）；其二，"问心"即内心思考、探索，而不向外张扬。这里取用第一种含义，可参考第六十四章（今本20章）对"悶"的考辨。乳：帛书整理小组校勘为"乱"。悶乱：封闭昏乱。

〔七〕贞：坚定不移。帛书注家大多按照今本等版本将"贞"校勘为"忠"，不妥。详见【考证辨真】。

【意解译文】

因此,大道废弛,才倡导仁义;智巧迅速出现,才有了大诈大伪;六亲不和,才重视培护家族的和睦;国家封闭昏乱,才需要忠贞不移的大臣。

【考证辨真】

"贞"与"正"的差异辨析

商甲骨文　　商甲骨文　　西周金文　　春秋金文

图 62-1 "贞"字的甲骨文、金文字形

"贞"字始见于商代甲骨文,早期甲骨文与"鼎"相同(图 62-1 中第一个字)。鼎是中国古代炊器,多用青铜制成,圆形,三足两耳,也有长方四足的;后成为铭记功绩的重要礼器,代表权力和地位。传说禹铸九鼎,被夏商周三代奉为传国之宝,为得天下者所拥有,故有成语"问鼎中原"。

后来,在"鼎"的基础上加"卜"而分化出"贞"(图 62-1 中后三个字),会意为借鼎占卜问事。由于"鼎"与"贝"在古文字中形近,篆文遂将"鼎"讹为"贝",隶变后写作"贞"。"贞"的本义是占卜、卜问,引申为坚定、有操守。上古把占卜之人称为贞人。

"案有贞臣"的"贞"是坚定不移的意思。《释名》:"贞,定也。精定不动惑也。"《周易·系辞》:"吉凶者,贞胜者也。"韩康伯注:"贞者,正也,一也。"在这里,"贞"字又有两层内涵:一是,在古人眼中,占卜的人都是亲近神灵、品行端正的人,所以"贞"有言行一致、端正的内涵;二是,以鼎之重叩问神灵上苍,得到的即为天意神谕,这样的"贞人""贞臣",是带有天地神灵的使命的。

【对照版本】

傅奕本

大道废焉,有仁义。智慧出焉,有大伪。六亲不和,有孝慈。国家昏乱,有贞臣。

王弼本

大道废,有仁义。慧智出,有大伪。六亲不和,有孝慈。国家昏乱,有忠臣。

河上公本

大道废,有仁义。智惠出,有大伪。六亲不和,有孝慈。国家昏乱,有忠臣。

范应元本

大道废,有仁义焉。知惠出,有大伪焉。六亲不和,有孝慈焉。国家昏乱,有贞臣焉。

第六十三章　绝声弃智

（今本 19 章）

【帛书复真本】

绝声弃知，民利百负。绝仁弃义，民复畜兹。绝巧弃利，盗贼无有。此三言也，以为文未足，故令之有所属。见素抱楃，少私寡欲。

【帛书释文本】

绝声弃知（智）[一]，民利百负[二]。绝仁弃义[三]，民复畜兹[四]。绝巧弃利[五]，盗贼无有[六]。此三言也，以为文未足[七]，故令之有所属[八]。见素抱〔楃[九]，少私寡欲〕。

【帛书出土图版原文】

甲本

绝声弃知，民利百负⌞。绝仁弃义，民复畜兹⌞。绝巧弃利，盗贼无有。此三言也，以为文未足⌞，故令之有所属。见素抱□□□□□。

乙本

绝耶弃知，而民利百倍。绝仁弃义，而民复孝兹。绝巧弃利，盗贼无有。此三言也，以为文未足，故令之有所属。见素抱朴，少厶而寡欲。

【校勘注释】

〔一〕声：声人。前文提到，声人比圣人低一个层次，泛指践行"大道"的那些有着巨大影响力，甚至可以左右社会价值观的大教育家、大政治家等名人。同时，一些邪教领袖、大枭雄等影响也极广，这些人属于伪假、伪邪的声人，此处的"声"指的正是这些人。帛书注家几乎都按照今本等版本将"声"校勘为"圣"，不妥。参见第四十六章（今本2章）对"圣人""声人"的考辨。

"知"与"智"同源，这里的"知"同"智"，指智巧（包含智慧、心机、巧诈等内涵），参见第二十八章（今本65章）对"知""智"的考辨。

〔二〕百：指很多。"负"的本义是背着货贝，"民利百负"指好处很多、收获百利。今本等版本将"贝"改为"倍"，不妥，详见【考证辨真】。

〔三〕"仁""义"在这里指虚假的"仁""义"，这是对第一章（今本38章）所谓虚假的"德、仁、义、礼"的呼应，可参见该章相关考辨。

〔四〕畜：养育、培养。兹：滋生，这里指通过繁衍来培植持久的力量。"畜兹"即繁衍养育，与第六十二章（今本18章）的"畜兹"相比，由于语境不同，含义略有区别。帛书注家大多按照今本等版本将"畜兹"校勘为"孝慈"，不妥。参见第三十二章（今本67章）相关考辨。

〔五〕巧：巧诈。《韵会》："巧，黠慧也。"

〔六〕无有：没有。

〔七〕文：条文、法则。

〔八〕属：归属。

〔九〕素：未经染色的生绢，引申为质朴、朴素。"榁"的本义是在野外搭建的供自我使用的木屋。在老子的思想里，"榁"与"本我""自我""元气"，乃至"道""德""器""万物"皆有关联，有时能代表"道"或"道"的特征，这里指简易、拙朴、浑朴，类似于"朴"。参见第七十二章（今本28章）对"榁""朴"的考辨。

【意解译文】

杜绝假伪声人，抛弃智巧邪知，民众收获百利；杜绝假仁假义，民众就会繁衍养育；抛弃巧诈利惑，盗贼就会消失。这三句话，还不足以作为治理社会病态的法则，还要使民众有所归属，保持纯洁朴实的本性，减少私利私欲。

【考证辨真】

"负"与"贝"的关系考辨

商周时代是以贝为货币的。1928年殷墟发掘，出土数以万计的海贝。郑州殷商中期大墓117号殉贝460枚，安阳殷商晚期中墓272号殉贝350枚、261号殉贝263枚，等等。千家驹在《中国历代货币》中指出，殷商以前，贝已作为货币使用，货币从最初的贝币开始，已经有四千年历史，比文字起源还早。郭沫若曾考证，用贝作为货币的时间约在商周之际，这在其著作《中国古代社会研究》中有记载。朱活在《古钱》一文中谈道，贝是夏商周三代的重要货币。郭宝钧在《中国青铜器时代》中推断，用贝作为货币的时间在周穆王以后。

早在夏商周时代就有了繁盛的商业，奴隶主一般都是商人，他们的通商地域很广，《诗经·玄鸟》中就有武丁盛世"邦畿千里"的记载。据古籍文献及考古证实，殷人的活动范围北迄冀晋乃至内蒙古，南抵湖南宁乡、常宁及江西清江，东至山东海阳，西达陕西中部等地。在如此广阔的范围内，商人们常常携带货贝，或服牛乘马，或用车载，长途贩运，引重致远。

当时的贝分为海贝、骨贝、石贝、玉贝、金贝、银贝、铜贝、铅贝等，数量多时，装在动物皮缝制或麻草编制的袋子里。在面对面的大宗交易中，最便捷的支付方式就是从室内或马车、牛车上取来贝币，背负着这些贝币去交易。

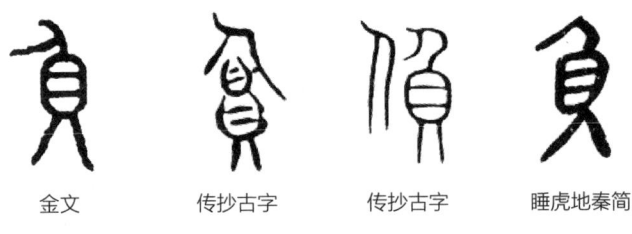

金文　　　传抄古字　　　传抄古字　　　睡虎地秦简

图63-1　"负"字的金文、古字、秦简字形

如图63-1所示，"负"是会意字，正是由"人"和"贝"组成，会意为人有货币就有了依靠。篆文承接金文并整齐化，隶变后写作"负"。《说文》："负，恃也。从人守贝，有

所恃也。"

由此，"民利百负"就是指好处很多、收获百利。今本等版本将"负"改为"倍"，不妥。

【对照版本】

傅奕本

绝圣弃知，民利百倍。绝仁弃义，民复孝慈。绝巧弃利，盗贼无有。此三者，以为文而未足也，故令有所属。见素抱朴，少私寡欲。

王弼本

绝圣弃智，民利百倍。绝仁弃义，民复孝慈。绝巧弃利，盗贼无有。此三者，以为文不足，故令有所属。见素抱朴，少私寡欲。

河上公本

绝圣弃智，民利百倍。绝仁弃义，民复孝慈。绝巧弃利，盗贼无有。此三者，以为文不足，故令有所属。见素抱朴，少私寡欲。

范应元本

绝圣弃知，民利百倍。绝仁弃义，民复孝慈。绝巧弃利，盗贼无有。三者，以为文不足也，故令有所属。见素抱朴，少私寡欲。

第六十四章　绝学无忧

（今本 20 章）

【帛书复真本】

绝学无忧。唯与诃，其相去规何？美与恶，其相去何若？人之所畏，亦不可以不畏。望呵，其未央才！众人熙熙，若乡于大牢，而春登台；我泊焉未佻，若婴儿未咳；累呵，如无所归。众人皆有余，我独遗。我禺人之心也，蠢蠢呵。鬻人昭昭，我独若冐呵；鬻人蔡蔡，我独闷闷呵。忽呵其若海，望呵其若无所止。众人皆有以，我独顽以悝。吾欲独异于人，而贵食母。

【帛书释文本】

〔绝学无忧（优）〕[一]。唯与诃，其相去规（几）何[二]？美与恶，其相去何若[三]？人之所畏，亦不〔可以不畏。望（望）呵，其未央才（哉）〕[四]！众人熙熙[五]，若乡（飨）于大牢[六]，而春登台；我泊焉未佻[七]，若婴〔儿未咳〕[八]；累呵[九]，如〔无所归。众人〕皆有余，我独遗[十]。我禺（愚）人之心也[十一]，蠢蠢呵[十二]。鬻〔人昭昭[十三]，我独若〕冐（昏）呵[十四]；鬻人蔡蔡[十五]，我独闷闷呵[十六]。忽呵其若〔海〕[十七]，望（望）呵其若无所止。众人皆〔有以[十八]，

第六十四章　绝学无忧

我独顽〕以悝〔十九〕。吾欲独异于人，而贵食母〔二十〕。

【帛书出土图版原文】

甲本

□□□□。唯与诃，其相去戏何？美与恶，其相去何若？人之所畏，亦不□□□□□□□□□！众人𤋮＝，若乡于大牢⌐，而春登台；我泊焉未佻，若婴□□□；累呵，如□□□□□皆有余，我独遗。我禺人之心也，惷＝呵。鬻□□□□□□臖呵；鬻人蔡＝，我独闷＝呵。忽呵其若□，𬯀呵其若无所止⌐。众人皆□□□□□以悝。吾欲独异于人，而贵食母。

乙本

绝学无忧。唯与呵，亓相去戏何？美与亚，亓相去何若？人之所畏，亦不可以不畏人。朢呵，亓未央才！众人𤋮＝，若乡于大牢，而春登台；我博焉未垗，若婴儿未咳；纍呵，佁无所归。众人皆又余，我愚人之心也，湷＝呵。鬻人昭＝，我独若闷呵；鬻人察＝，我独闽＝呵。汤呵亓若海，朢呵亓若无所止。众人皆有以，我独门元以鄙。吾欲独异于人，而贵食母。

【校勘注释】

〔一〕"学"在这里指教导，可引申为好为人师，而并非历代注家及众多帛书研究者所解读的治学、学问、伪学、智巧之学等含义。这里的"优"字校勘比较复杂，帛书甲本缺失，帛书乙本为"慐"。"慐"的本义为优游，战国晚期之后有了忧愁的含义，而其优游的本义则由"優"字继承。故这里的"慐"应训释为"優（优）"。几乎所有帛书研究者都将此处的"慐"直接训释为简化字"忧"，实属不妥。详见【考证辨真】。"绝学无优"是指统治者要杜绝好为人师，不可自视甚高、自视优越，甚至颐指气使。

〔二〕唯：恭敬地应答。诃：大声斥责。幾："幾"的变体，如今"幾"已简化为"几"。几何：多少。"唯与诃，其相去几何"的意思是："被教导者（大臣或民众）的唯唯听命和教导者（统治者）的呵斥责怒，相差多少呢？"也就是说，统治者用"诃"换来臣民的"唯"，仅仅是因为双方的地位差距，而非臣民内心真正信服，这个"唯"与"诃"反映出统治者的修为与德行。老子一贯坚持"谦卑守下，方能海纳百川"。

〔三〕何若：怎样、如何。"美与恶，其相去何若"的意思是："美好和丑恶，相距多远呢？""美"与"恶"看起来相距很远，但是二者可以相互转化。结合后文"人之所畏，亦不可以不畏"，也就是说，统治者应谦卑守下，内修圣德，对于天地神灵、礼仪法度等世人敬畏的事物，也要心存敬畏，切忌颐指气使。

〔四〕朢："朢"的变体，而"朢"是"望"的异体字。其：指代"绝学无优"及上文阐述的道理。未央：未尽、未完。才：假借为"哉"。《尔雅·释诂》邢昺疏："哉者，古文作才。《说文》云：'才，草木之初也。'以声近，借为哉始之哉。""望呵，其未央才"的意思是："这里面的道理，其辽阔放眼望不到边际啊！"

〔五〕配（yí）：成长、壮大。配配：众人聚集，场面壮观。帛书注家大多按照今本等版本将“配配”校勘为“熙熙”，不妥，此处尊重帛书原貌。

〔六〕乡：与“飨”字同源，相聚宴饮。“乡”字繁体为“鄉”，“飨”字繁体为“饗”，二者原本是一个字，字形像两人相向对坐，共食一簋。详见【考证辨真】。“大牢”即太牢。古代帝王、诸侯祭祀社稷时，牛、羊、猪三牲全备为太牢，这里指丰盛的宴席。

〔七〕泊：恬静、淡泊。佻：轻薄、不庄重。帛书注家大多按照今本等版本将“佻”校释为通“兆”，意思大变，不妥。未佻：严谨、拙讷。

〔八〕咳（hái）：婴儿笑。未咳：婴儿不会嬉笑的样子。

〔九〕累：疲惫，指牵绊不得志。《礼记·玉藻》：“丧容累累。”郑玄注：“羸惫貌也。”《史记·孔子世家》：“累累若丧家之狗。”王肃注：“累然不得志之貌。”

〔十〕遗：遗失、缺少，这里指少且不足。

〔十一〕禺：假借为“愚”。

〔十二〕惷（chǔn）：骚动。惷惷：指世事纷扰。《说文》：“惷，乱也。”《玉篇》：“惷，扰动也，乱也。”这里指面对世事纷扰，却如同愚人的心智一样与人不同，不为所动。帛书注家大多按照今本等版本将“惷惷”校勘为“沌沌”，意思大变，不妥。

〔十三〕鬻人：指普通人，即世人。详见【考证辨真】。昭昭：光明、明亮。

〔十四〕䎓：“昏”的异体字，不清醒。

〔十五〕蔡蔡：野草杂乱，引申为没有价值、没有用处。《说文》："蔡，草也。"《玉篇》："蔡，草芥也。"帛书注家大多按照今本等版本将"蔡蔡"校勘为"察察"，意思大变，不妥。

〔十六〕悶：这里或有独自思考、探索的含义（一说同"闷"，或不妥）。详见【考证辨真】。

〔十七〕"忽"有两种释义：一是消散、消失。《尔雅·释诂》："忽，尽也。"《诗经·皇矣》："是绝是忽。"《毛传》："忽，灭也。"二是假借为"沕"，意为潜藏，引申为不分明、捉摸不透。《楚辞·招隐士》："罔兮沕，憭兮栗。"洪兴祖注："沕，潜藏也。"这里取用第二种释义。

〔十八〕有以：有用、有为、有本领。王弼注："以，用也。皆欲有所施用也。"

〔十九〕《广韵》："悝，忧也。"《玉篇》："悝，忧也，悲也，疾也。"《说文》段玉裁注："《释诂》曰：'悝，忧也。'又曰：'瘅，病也。'盖忧与病相因，悝瘅同字耳。《诗》：'悠悠我里。'《传》曰：'里，病也。'是则假借里为悝。"故"悝"有忧伤而成病的含义，这里引申为守弱，指忧思而守弱。帛书注家大多按照今本等版本将"悝"校勘为"鄙"，不妥。顽以悝：冥顽、忧思而守弱。

〔二十〕贵：以……为贵，重视、注重。食：吃、咀嚼，指琢磨、探究。母：比喻"道"，即万物本源。

【意解译文】

统治者要杜绝好为人师和自视优越。被教导者的唯唯听命和教导者的呵斥责怒，相差多少呢？美好和丑恶，相距多远呢？对于统治者来说，世人所敬畏的，不可以不心存敬畏。这里面的道理，其辽阔放眼望不到边际啊！

众人聚集，场面壮观，如同参加盛大的宴席，如同春天登台眺望美景。而我却淡泊而拙讷，如同不知嬉笑的婴儿。牵绊不得志啊，我好像浪子没有归宿。众人丰裕而有余，我却少而不足。我真是有个愚人的心智啊，世事纷扰而不为所动。世人光耀，我却昏昧；世人视为草芥的东西，我却潜心探究。捉摸不透啊，就像汹涌的大海，向远处望啊，广阔而没有止境。众人都有所作为，唯独我冥顽、忧思而守弱。我情愿与众不同，只注重探究事物的本源。

【考证辨真】

"绝学无忧"的位置与本章文意定位辨析

"绝学无忧"句到底应该归入上一章还是独立成章，抑或归入本章，历来争议非常大。笔者认为应该放在本章，原因有三点：

一是，历代注家及众多帛书研究者或因受今本等版本的影响，对"绝学无忧"的理解出现了偏差，故而产生此争议。

二是，楚简《老子》明确显示，这句话出现在乙组4简，后面紧跟着就是"唯与呵，相去几何？美与恶，相去何若？人之所畏，亦不可以不畏"，可谓终止了两千多年来的争议。

三是，《老子》本不分章，上一章"绝声弃智""绝仁弃义""绝巧弃利"和本章"绝学无忧"这"四绝"是放在一起来谈的。而老子讲"绝学无忧"这"一绝"所用的文字几乎达到前面"三绝"文字总量的三倍,如果需要分章,则"绝学无忧"应在本章。

关于本章文意的定位,历来争议也很大。有人认为"绝学无忧""唯与呵……亦不可以不畏"与"望呵,其未央哉!众人熙熙……而贵食母"这三部分内容实在没有多少联系;有人认为这是阐释老子哲学与政治主张的篇章;还有人提出,老子将自己的独特与众人的格格不入进行对比,体现的是自身因受到排挤而郁闷压抑的情绪。

笔者认为,本章同《老子》中的众多章节一样,展示的是治理邦国、修为精进及老子的核心哲学思想。前文说过,老子谈了"四绝"。上一章的"绝声弃智""绝仁弃义""绝巧弃利"这"三绝",从外部环境角度提出了解决社会上呈现出来的假仁假义、伪善智巧与利欲熏心等病态现象的策略和方法,目的是让人们减少私利、私欲,返璞归真,从而服务于邦国的治理与统治。而这里的"绝学无忧"则是从统治者自身的角度出发,对如何以"内圣外王"为指导直抵邦国治理的至高境界进行了阐释,指出核心就在于杜绝好为人师、自视优越,敬畏天地神灵、礼仪法度,谦卑守下,探究事物本源。这就属于内修圣德的范畴。

由此,老子还以第一人称视角,将"为道者"与世间俗人的种种表现进行对比,详细地阐释了统治者要像"为道者"这样修为进德,方能有所建树的道理。如"我"淡泊拙讷、不知嬉笑、牵绊不得志、愚人心智等看似昏昧、冥顽、粗拙,实则达到了"为道"的高级阶段,展现出的是海纳百川、广阔而没有止境的汹涌澎湃。这正是探究本源的表现。

第六十四章　绝学无忧

显然，我们如能结合老子的核心思想，联系前后章节内容与上下文意，对本章字句进行正确的解读，那么，本章内容层层推进、浑然一体的内在逻辑就一目了然了。

"绝学无优"与"绝学无忧"考辨

"绝学无优"句，帛书甲本毁损，帛书乙本为"绝学无夒"。为便于理解，本节将使用"忧"的繁体字"憂"（帛书乙本的原字）和"优"的繁体字"優"进行考辨。

关于这句话的释义，历代注家（含帛书注家）争议很大，有人说老子反对学习，有人说老子反对私学，还有人说老子反对浮学和异学，莫衷一是。根本原因在于人们对"学"和"憂"的错误理解。

"学"字在战国之前有"教授、教导"之意。《说文》："敩，觉悟也。……学，篆文敩省。"《广雅》："学，教也。"从战国中后期开始，"学"字逐渐失去了"教授、教导"的含义。可参考第六章（今本43章）、第十一章（今本48章）对"教"和"学"的考辨。

下面来谈"憂"字。《说文》："憂，和之行也。"段玉裁注："《商颂》《毛传》曰：'優優，和也。'《广雅》：'憂憂，行也。'行之状多。"徐灏注笺："许云'和之行'者，以字从攵也，凡言優游者，此字之本意，今专用为忧愁字。"意思是说，"憂"的本义是優游，后来专用为忧愁之意。注意，西周金文就有"憂"字（如图64-1所示），也就是说，"憂"早在西周就有優游的含义了。那么，"憂"是从什么时候开始专用为忧愁之意的呢？这就涉及另一个字"惪"。

西周金文　　战国晚期金文　　传抄古字　　秦系简牍　　《说文》小篆

图 64-1　"憂"字从金文到小篆的字形演变

《说文》："惪，愁也。从心、页。"段玉裁注："上文云愁，惪也；此云惪，愁也。二篆互训，不知何时浅人尽易许书惪字。许于夂部曰：'憂，和行也。从夂，惪声。'非和行则不得从夂矣。又引《诗》：'布政憂憂。'于此知许所据《诗》惟此作憂，其他训愁者皆作惪。自假憂代惪，则不得不假優代憂，而《商颂》乃作'布政優優'。優者，饶也。"徐锴《说文解字系传》："惪，心形于颜面，故从页。"

上述文献的意思是，"惪"本为忧愁之意，后来假借"憂"来替代"惪"，这样就不得不假借"優"来替代"憂"的优游之意。那么，这件事发生在什么时代呢？由于"惪"字尚存在于秦国统一文字时期的小篆，同时如图 64-1 所示，"憂"字在战国晚期之后逐渐定型，且具有忧愁之意，据此推测，"惪"字假借"憂"的时代不会早于战国晚期。同时，根据段玉裁的注释还可以得知，"憂"字早在《商颂》成书的春秋时代就由"优游"的本义衍生出丰饶、优越等含义了。

上述考据及推论，现代学者也给出了印证，如冯其庸、邓安生《通假字汇释》阐释："'憂'为優游的本字，后专用为忧愁,乃更造'懮'字,故古籍中'忧''懮'多通用。"①

综上所述,"忧"字在战国晚期之后才具有忧愁的含义,而其本义则是优游(此含义至少可上溯至西周时期),这一本义从战国晚期开始被"懮"字继承。所谓"优游",就是指《说文》中所谓"和之行",意为从容不迫地行走,引申出悠闲、宽余、优饶、优势、优越等含义。

所以,"绝学无忧"的"忧"应训释为"优",而不能直接简化为"忧"。"绝学无忧"是指统治者要杜绝好为人师,不可自视甚高、自视优越,甚至颐指气使。这里体现出老子一贯的"谦卑守下"思想。

"乡"与"飨"的本义考辨

甲骨文"乡"　　甲骨文"飨"　　金文"乡"　　金文"飨"

图64-2　"乡"与"飨"的甲骨文、金文字形对比

"乡"(繁体为"鄉")与"飨"(繁体为"饗")始见于商代甲骨文,如图64-2所示,二者原本是一个字,表示两人在盛满食物的器皿前相对而食,有"宴飨、飨祀"之意,即用食物招待宾客或祭祀鬼神、祖先。罗振玉《增订殷墟书

---

① 冯其庸、邓安生:《通假字汇释》,北京大学出版社,2006年3月第1版,第619页。

契考释》："象飨食时宾主相向之状。古公卿之卿、乡党之乡、飨食之飨，皆为一字，后世析而为三。"

杨宽《古史新探》："'乡'和'飨'，原本是一字……整个字像两人相向对坐，共食一簋的情况。""乡邑的称'乡'……实是取义于共食。""是用来指自己那些共同饮食的氏族聚落的。""在金文中'乡'和'卿'的写法无区别，本是一字。""'卿'原是共同饮食的氏族聚落中'乡老'的称谓，因代表一乡而得名。进入阶级社会后，'卿'便成为'乡'的长官的名称。"

由此可知，本章的"乡"与"飨"本是同一个字。

"鬻"字含义辨析

传抄古字　　　传抄古字　　《说文》小篆

图 64-3　"鬻"字的古字和小篆字形

如图 64-3 所示，"鬻"字下方是"鬲"（煮饭的炊具），上方是谷物食粮，两边的"弓"形代表热气向上腾起，表示谷物食粮在鬲里煮。

"鬻"是"粥"的本字。《尔雅》："鬻，糜也。"郝懿行义疏："鬻者，经典省作粥而训糜。"《集韵》："鬻，糜也。亦书作粥。""鬻"又有"煮"的含义。《字汇》："鬻，煮也。《周礼》：

'及果筑鬯。'谓以郁金香草筑实而煮以为鬯，用以祼也。"

本章中的"鬻人"，可以理解为如同粥糊一样迷迷糊糊过日子的人，或是吃饭喝粥的普通人，也就是世人。

"蔡"和"悶"的含义辨析

"鬻人蔡蔡，我独悶悶呵"句，帛书甲本如此，今本等版本为"俗人察察，我独闷闷"。于是，众多帛书研究者致力于考辨"察察""闷闷"与"蔡蔡""悶悶"的联系。如有学者引用《说文》："祭，祭祀也。……以手持肉。"《尚书大传》："祭之为言察也。察者，至也。……人事至然后祭。"于是提出"蔡"通"祭"，又同"察"。这种解读太过牵强。而部分学者认为"悶"同"闷"，举的例子就是帛书《老子》与今本中的这句话[1]，这便陷入了循环论证的陷阱，不妥。那么该怎么理解"蔡"和"悶"呢？

"蔡"是野草的意思。《玉篇》："蔡，草芥也，草际也。"《说文》段玉裁注："草生之散乱也。""蔡蔡"在这里是野草散乱的意思，引申为没有价值、没有用处。"悶"或属早已失传的字，根据该字上"问"下"心"的字形推测，或有两种含义（待考）：一是不出声，引申为密闭、封闭（类似于"闷"）；二是内心思考、探索而不张扬。这里取用第二种含义。

因此，"鬻人蔡蔡，我独悶悶呵"的意思是："世人认为没有价值、无用的东西，我却用心独自研究、探索。"

---

[1] 汉语大字典编辑委员会编纂《汉语大字典》第二版（九卷本），四川辞书出版社、崇文书局，2010年4月第1版，第4377页。

【对照版本】

傅奕本

绝学无忧。唯之与阿，相去几何？美之与恶，相去何若？人之所畏，不可不畏。荒兮，其未央。众人熙熙，若享太牢，若春登台；我独魄兮，其未兆，若婴儿之未咳；儽儽兮，其不足以无所归。众人皆有余，我独若遗。我愚人之心也哉，沌沌兮。俗人皆昭昭，我独若昏；俗人皆察察，我独若闷闷。淡兮其若海，飘兮似无所止。众人皆有以，我独顽且图。吾独欲异于人，而贵食母。

王弼本

绝学无忧。唯之与阿，相去几何？善之与恶，相去若何？人之所畏，不可不畏。荒兮，其未央哉！众人熙熙，如享太牢，如春登台；我独泊兮，其未兆，如婴儿之未孩；儽儽兮，若无所归。众人皆有余，而我独若遗。我愚人之心也哉，沌沌兮。俗人昭昭，我独昏昏；俗人察察，我独闷闷。澹兮其若海，飂兮若无止。众人皆有以，而我独顽似鄙。我独异于人，而贵食母。

河上公本

绝学无忧。唯之与阿，相去几何？善之与恶，相去何若？人之所畏，不可不畏。荒兮，其未央哉！众人熙熙，如享太牢，如春登台；我独怕兮其未兆，如婴儿之未孩；乘乘兮，若无所归。众人皆有余，而我独若遗。我愚人之心也哉，沌沌兮。俗人昭昭，我独若昏；俗人察察，我独闷闷。

第六十四章 绝学无忧

忽兮若海，漂兮若无所止。众人皆有以，而我独顽似鄙。我独异于人，而贵食母。

范应元本

绝学无忧。唯之与阿，相去几何？善之与恶，相去何若？人之所畏，不可不畏。荒兮，其未央哉！众人熙熙，如享太牢，如登春台；我独怕兮其未兆，如婴儿之未咳；儽儽兮，其若不足，似无所归。众人皆有余，而我独若遗。我独愚人之心也哉，沌沌兮。俗人皆昭昭，我独若昏；俗人皆察察，我独若闵闵。澹兮若海，飘兮似无所止。众人皆有以，我独顽似鄙。我独异于人，而贵求食于母。

第六十五章　孔德唯道

（今本 21 章）

【帛书复真本】

孔德之容，唯道是从。道之物，唯朢唯忽。忽呵朢呵，中有象呵。朢呵忽呵，中有物呵。潫呵鸣呵，中有请吔。其请甚真，其中有信。自今及古，其名不去，以顺众仪。吾何以知众仪之祭？以此。

【帛书释文本】

孔德之容[一]，唯道是从。道之物[二]，唯朢（望）唯忽[三]。〔忽呵朢（望）〕呵[四]，中有象呵[五]。朢（望）呵忽呵，中有物呵。潫（幽）呵鸣（明）呵[六]，中有请（情）吔[七]。其请（情）甚真，其中〔有信〕。自今及古，其名不去，以顺众仪（父）[八]。吾何以知众仪（父）之祭（祭）[九]？以此。

【帛书出土图版原文】

甲本

孔德之容，唯道是从。道之物，唯朢唯忽。□□□呵，中有象呵。朢呵忽呵，中有物呵╰。潫呵鸣呵，中有请吔╰。其请甚真，其中□□。自今及古，其名不去，以顺众仪╰。

吾何以知众仪之然？以此⌐。

乙本

孔德之容，唯道是从。道之物，唯朢唯汋＝（汋。汋）呵朢呵，中又象呵。朢呵汋呵，中有物呵。幼呵冥呵，亓中有请呵。亓请甚真，亓中有信。自今及古，亓名不去，以顺众父。吾何以知众父之然也？以此。

【校勘注释】

〔一〕孔：大、甚、很。《尔雅》"孔，甚也。"德：指"道"的显现和作用。孔德：大德。详见【考证辨真】。容：指运动与形态。正所谓"道为德之本，德为道之用"，"容"在这里指的是"德"在"道"的法则下运行的完整过程与轨迹，既有动态的容，也有静态的容。

〔二〕"道之物"句，帛书注家大多按照今本等版本校勘为"道之为物"（或按今本等版本文句释义），意思大变，且误解了"道"的概念，实属不妥。"道之物"指的是"道"对万物的作用，正是老子"道为德之本，德为道之用"思想的体现；而"道之为物"则是"道作为事物"的意思。"道"是高于"无"的伟大存在，怎么可能是"事物"呢？参考第四章（今本40章）对"物"的考辨。

〔三〕朢："朢"的变体，而"朢"是"望"的异体字。"望"在这里指显现，正所谓"月满为望"。《释名》："望，月满之名也。月大十六日，小十五日。日在东，月在西，遥相望也。"帛书注家大多按照今本等版本将"望"校勘为

"恍",导致"唯望唯忽"这样明确的概念变成了"惟恍惟惚"这种模糊不清的玄学表述,且境界大降,实属不妥。参见【考证辨真】对"唯""惟"的考辨,以及第五十八章(今本14章)对"望""忽"的考辨。忽:隐没、不分明貌,与历代主流(含帛书主流)释义略有不同。参见第五十八章(今本14章)对"忽"的考辨。

〔四〕忽呵望呵:有时隐没,有时显现。

〔五〕象:形象、具象。《周易·系辞》:"见乃谓之象。又,象也者,像此者也。"孔颖达疏:"言象此物之形状也。"

〔六〕滺(yōu):"幽"的异体字,幽深、深远。"鸣(明)"字,帛书甲本为"鸣",帛书注家大多按照帛书乙本与今本等版本校释为通"冥"。但"幽""冥""窈"是近义词,此处重复表述不妥(今本等版本为"窈兮冥兮"或"幽兮冥兮")。鸣:假借为"明",明亮、明白、明晰、展现、喧动。李康《运命论》:"夫黄河清而圣人生,里社鸣而圣人出。""明"与"幽"形成一明一暗、一近一远、一动一静的和谐统一体。详见【考证辨真】。

〔七〕请:假借为"情",指人们对万物的感受与情绪。呭(yē):叹词。

〔八〕伩:"父"的异体字,这里指万物的本源。

〔九〕"禜"字,帛书甲本为"禜",帛书乙本与今本等版本为"然",帛书整理小组校勘为"然",帛书注家大多也注释为"然",不妥。禜:"祭"的变体,使用。详见【考证辨真】。

第六十五章　孔德唯道

【意解译文】

大德的运动与形态，就是完全顺从"道"而使然。"道"对万物的作用，或现或隐。它若隐若现啊，其中包含万象。它若现若隐啊，其中包含万物。它既幽微深远又显明清晰啊，这都离不开人对它的感受与领悟。这种感受和领悟非常真实，其中可以得到验证。由当今上溯到古代，永远离不开人对它的理解与命名，依据它才能顺理万物的根源。我怎么知道万物本源的作用呢？是通过"道"认识的。

【考证辨真】

"孔德""玄德""恒德"的辨析与比较

首先谈"孔德"。"孔"字始见于西周金文（一说甲骨文），金文的"孔"字是"子"上加一段弧线，有学者认为，这段弧线是指婴儿头部囟门所在的位置。郭沫若在《金文丛考》中指出，金文的"孔"字"乃指小孩头上有孔也。故孔之本义当为囟，囟者象形文。孔则指事字。引申之，则凡空皆曰孔，有空则可通，故有通义"。

有学者则认为，金文的"孔"字实际上是由甲骨文"乳"字简化而来，"孔"的本义即哺乳婴儿。陈初生《金文常用字典》："林义光谓，本义当为乳穴，引申为凡穴之称。'乚'象乳形，'子'就之，以明乳者孔也。"

还有学者认为，"孔"字由"乙"和"子"构成。"乙"指一种鸟，古称玄鸟，就是燕子。"孔"是指乙鸟所生之子，也就是燕子繁衍的后代。《说文》："孔，通也。从乙，从子。乙，请子之候鸟也。乙至而得子，嘉美之也。古人名嘉，字子孔。"

"孔"确实有"美好"之意。《汉书·礼乐志》:"令问在旧,孔容翼翼。"在古人的观念里,大就是美,"孔"又有大、甚、很的意思。《诗经·羔裘》:"羔裘豹饰,孔武有力。""孔德"就是大德的意思。

再来谈"玄德"。"玄"是会意字,其金文字形如同一束丝,丝在染色的时候要先扎成束,然后再晾晒,晾晒时要悬挂起来;西周晚期以后的字形,上部延伸出去或追加圆点状符号以强调悬挂。"玄"的本义是染黑,也指赤黑色,可引申为幽远、深远、深邃。"玄德"即为幽深、久远的德。

最后来谈"恒德"。《周易·恒卦》:"恒其德,贞,妇人吉,夫子凶。"叶适《赵孺人墓铭》:"岂古人所谓恒德之贞、妇人之吉者,特其学之异而然欤!""恒德"指恒久不变的德行。

"唯""惟"的本义辨析

"孔德之容,唯道是从"的"唯",被今本等版本改为"惟",内涵发生了变化。

"唯"字从口,从佳,会意为口中像鸟雀啾啾一样诺诺连声,佳也兼表声。《说文》:"唯,诺也。""唯"的本义是恭敬的应答声,有原始的、本能的、不加思索的条件反射的内涵,又表限定范围,有只有、只是的意思。

而"惟"字从心,从佳,佳也兼表声。《说文》:"惟,凡思也。""惟"的本义是思考、思索,有权衡利弊的内涵,又表限定范围,有只有、只是的意思。

由此可知，帛书本"唯道是从"的"唯"含有本能地服从的内涵，被今本等版本改为"惟道是从"之后，就失去了这种内涵。王弼如是解读："孔，空也。惟以空为德，然后乃能动作从道。"这显然是有一定条件的，不符合老子关于"道"的本质的思想。

"幽呵明呵"与"幽呵冥呵"的含义即用法辨析

"潡（幽）呵鸣（明）呵"句，帛书甲本如此，帛书乙本为"幼呵冥呵"，今本等版本为"窈兮冥兮"或"幽兮冥兮"。

首先谈"幽"。"幽"有昏暗、深远的含义。《小尔雅》："幽，冥也。"《史记·五帝本纪》："幽明之占。"《尔雅》："幽，深也。"《楚辞·惜誓》："方世俗之幽昏兮。"《诗经·斯干》："幽幽南山。"《毛传》："幽幽，深远也。"

再来谈"冥"。"冥"也有深远、幽深的含义。《说文》："冥，幽也。"《太玄·玄文》："冥者，明之藏也。"《广雅》："冥，暗也。"杜牧《阿房宫赋》："高低冥迷，不知西东。"孙绰《游天台山赋》："临万丈之绝冥。"

最后来谈"窈"。"窈"同样有幽深、深远的含义。《说文》："窈，深远也。"《广雅》："窈，深也。"《淮南子·道应训》："可以阴，可以阳；可以窈，可以明。"俞樾注："窈，读为幽，故与明相对。"

由此可知，"幽""冥""窈"三字如用在此处，则含义相近，联系到前文"忽呵望呵""望呵忽呵"为相对应的概念，本句如果用两个含义相近的字进行重复，则不合理，"窈兮冥兮"或"幽兮冥兮"皆不妥，此处尊重帛书甲本原文

"瀏（幽）呵鸣（明）呵"。其中，"鸣"假借为"明"。李康《运命论》："夫黄河清而圣人生，里社鸣而圣人出。"李善注引宋均曰："明和鸣古字通。"

老子在这里用"鸣（明）"的妙处有三：一是与"幽"字"昏暗、幽昧"的含义相对，意为"明亮、明白"，一明一暗；二是与"幽"字"幽微、深远"的含义相对，意为"明晰、展现"，一近一远；三是与"幽"字"幽静、寂静"的含义相对，意为"喧闹、噪动"，一动一静。二者可谓遐迩一体。

同时，这里的"幽""鸣（明）"又与前文"望""忽"二字紧密关联，各自呈现出不同的意境，展示出"道"的四大状态，即"忽""幽"（幽微、深远、寂静）与"望""鸣（明）"（明晰、近显、喧动）。在帛书甲本中，可以屡屡体会到帛书《老子》甲本用字之精妙。

"请""情"的含义及关系考辨

"请"假借为"情"，指人们对万物的感受与情绪。这里引用《道德经，古今有何不同》中的辨析：

> "中有情吔"的"情"字，帛书甲乙本均为"请"字，有人认为"请"是"精"的假借字，但是放在这里，解读起来有些牵强附会。《荀子·成相》："听之经，明其请。"这里的"请"即"情"。《说文通训定声·鼎部》："请，假借为情。""请"是"情"的假借字，放在这里的意思是"中间夹杂有人情人性，即人

们对万物的感受与情绪"。这个"情"字与第六十章（今本16章）中"至虚，极也，守情，表也"的"情"是一个意思。①

"祭""然"的考辨与"祭"的含义解析

"吾何以知众父之祭"的"祭"字，帛书甲本为"祭（祭）"，帛书乙本与今本等版本为"然"，具体辨析如下。

a 帛书原字　　b 楚简"祭"　　c 秦简"祭"　　d 楚简"然"　　e 秦简"然"

图 65-1　帛书原字与"祭""然"二字比较

如图 65-1 所示，a 字是帛书甲本中的"祭"字，b 字、c 字分别是楚系简帛和秦系简牍中的"祭"字，d 字、e 字分别是楚系简帛和秦系简牍中的"然"字。

通过对照可以看出，"祭"与"然"的右上部分相似，与"祭"的下半部分相似。在帛书甲本中，"祭"字共出现四次，分别在第十四章（"而恒自祭也"）、第十七章（"子孙以祭祀不绝"）、第四十二章（"人之道则不祭"）、第六十五章（"吾何以知众父之祭"）。根据语境，"祭"字可校勘为"然"或"祭"。

本章"吾何以知众父之祭"的"祭"，笔者经过整体考量，认为应校勘为"祭"。

---

① 王骥：《道德经，古今有何不同》，华文出版社，2023年1月第1版，第322页。

《左传·成公十三年》:"国之大事,在祀与戎,祀有执膰,戎有受脤,神之大节也。"《礼记·祭统》:"礼有五经,莫重于祭。"在古代,祭祀属于头等大事。而"祭"又引申出"使用(法宝)"之意,在古典小说中很常见,如《封神演义》:"广成子祭起诛仙剑。""众父"意为万物的本源。由此,"吾何以知众父之祭"可以理解为:"我怎么知道万物本源的作用呢?"

【对照版本】

傅奕本

孔德之容,惟道是从。道之为物,惟芒惟芴。芴兮芒兮,其中有象。芒兮芴兮,其中有物。幽兮冥兮,其中有精。其精甚真,其中有信。自今及古,其名不去,以阅众甫。吾奚以知众甫之然哉?以此。

王弼本

孔德之容,惟道是从。道之为物,惟恍惟惚。惚兮恍兮,其中有象。恍兮惚兮,其中有物。窈兮冥兮,其中有精。其精甚真,其中有信。自古及今,其名不去,以阅众甫。吾何以知众甫之状哉?以此。

河上公本

孔德之容,唯道是从。道之为物,唯恍唯忽。忽兮恍兮,其中有像。恍兮忽兮,其中有物。窈兮冥兮,其中有精。其精甚真,其中有信。自古及今,其名不去,以阅众甫。吾何以知众甫之然哉？以此。

范应元本

孔德之容，唯道是从。道之为物，惟芒惟芴。芴兮芒兮，中有象兮。芒兮芴兮，中有物兮。幽兮冥兮，中有精兮。其精甚真，其中有信。自今及古，其名不去，以阅众甫。吾奚以知众甫之然哉？以此。

第六十六章　炊者不立

（今本 24 章）

【帛书复真本】

炊者不立：自视不章，自见者不明，自伐者无功，自矜者不长。其在道，曰："粽食、赘行。"物或恶之，故有欲者弗居。

【帛书释文本】

炊者不立[一]：自视不章[二]，〔自〕见者不明（明）[三]，自伐者无功[四]，自矜（矜）者不长[五]。其在道，曰："粽（余）食[六]、赘行（形）[七]。"物或恶之[八]，故有欲者〔弗〕居[九]。

【帛书出土图版原文】

甲本

炊者不立：自视不章，□见者不明，自伐者无功，自矜者不长。其在道，曰："粽食、赘行⌐。"物或恶之，故有欲者□居⌐。

第六十六章　炊者不立

乙本

炊者不立：自视者不章，自见者不明，自伐者无功，自矜者不长。亓在道也，曰："粽食、赘行。"物或亚之，故有欲者弗居。

【校勘注释】

〔一〕炊：烧火做饭。"炊者不立"指做饭的人一直忙碌，没时间直立身子。这很有可能是当时的一句谚语，在这里表示因受到某种条件的限制，必然引发特定后果。老子以此破题，展开后文的论述。详见【考证辨真】。

〔二〕视：看、看待。自视：自我看待、自我认同。详见【考证辨真】。"章"有两种含义：一是一段完整的乐曲或诗文，引申为全部、全貌。《说文》："章，乐竟为一章。从音，从十。十，数之终也。"二是假借为"彰"，这是主流观点。这里取第一种含义更佳，且符合帛书原貌。自视不章：自己看自己时看不到全貌。

〔三〕自见：指自逞己见，即仅靠自我观察下结论，执拗于自己的见解。详见【考证辨真】。

〔四〕伐：夸耀。功：成就、功业。

〔五〕矜："矜"的异体字。自矜：自负、自大。《正字通》："矜，骄矜自负貌。"《尚书·大禹谟》："汝惟不矜，天下莫与汝争能；汝惟不伐，天下莫与汝争功。"孔安国传："自贤曰矜，自功曰伐。"长：长久、长远。

〔六〕粽：假借为"馀"，多出的、剩下的。注意，"馀"与"余"在古汉语中是两个字，在现代通用规范汉字中，

"馀"简化为"余"。

〔七〕赘：多余的、无用的。行：假借为"形"，形体。赘行（形）：指因饱食而长出的多余的肉（一说指多余的行径）。司马光注："'行''形'，古字通用。弃食之余，适使人厌；附赘之形，适使人丑。"

〔八〕物：这里指他人、别人。《周书·孝义》："则温枕扇席，无替于晨昏；损己利物，有助于名教。"或：或许。《广韵》："或，不定也，疑也。"《周易·乾卦》朱熹注："或者，疑而未定之辞。"恶：厌恶。

〔九〕"有欲者"指有私欲杂念而需从道修炼的人（一说指有私欲杂念的人）。"弗居"指不处于"自视""自见""自伐""自矜"这四种状态，即不会那样去做（一说指"不在道"，即不在从道之列）。居：处在、处于。《玉篇》："居，处也。"

【意解译文】

烧火做饭，没法随时保证腰身挺直；自我审视的人不能看到全貌，自逞己见的人难以明晓事理，自我夸耀的人不会取得成功，自高自大的人不能长久。从道的角度看，这些只能说是剩饭赘瘤。谁都厌恶它们，所以有心去私从道的人都不会这样做。

【考证辨真】

"炊"字辨析

"炊者不立"的"炊"字，帛书甲乙本均为"炊"。该字

第六十六章 炊者不立

争议很大,主要有三种观点:

第一,今本等版本为"企"字,即踮起脚跟的意思。为配合"企者不立",今本等版本还添加了一句"跨者不行"。高明认为:"'炊'字古为昌纽歌部,'企'字属溪纽支部,声纽相通,'支''歌'为旁对转,故'炊''企'二字古音同通假。"①

第二,《说文通训定声》:"炊,假借为吹。"《荀子·仲尼》:"是以位尊则必危,任重则必废,擅宠则必辱,可立而侍也,可炊而竟也。"杨倞注:"炊,与吹同。"

第三,"炊"是烧火做饭的意思。《说文》:"炊,爨(cuàn)也。"徐锴《说文系传》:"取其进火谓之爨,取其气上谓之炊。"烧火做饭需要"吹火",指的是坐着或蹲着,手握吹火筒,一端放在嘴边,一端伸进灶膛吹气,从而使柴火燃旺。当然,古时也有鼓风吹火的风箱。总之,灶下人在烧火做饭时,是非常忙碌的,甚至无法挺直身子。

第一种观点单独来看有一定道理,不过其后添加"跨者不行",有点"此地无银三百两"的意味,改动痕迹明显。第二种观点看起来很有道理,问题在于,老子为何不直接使用"吹"字呢?("吹"字古已有之,始见于甲骨文。)第三种观点明显来自人们的日常生活,故有学者认为,"炊者不立"很有可能是当时的一句谚语,老子在此引用,目的是直奔主题,便于展开下文的相关论述。

经过考辨,笔者认同第三种观点,"炊者不立"应是《老子》原文,以此类比"自视""自见""自伐""自矜"所造成

---

① 高明:《帛书老子校注》,中华书局,1996年5月第1版,第474页。

的后果，与后文"余食、赘行"也能够形成呼应。"炊者不立"的意思是："烧火做饭，没法随时保证腰身挺直。"

"视""见""示"的含义辨析

a 甲骨文　　b 甲骨文　　c 西周金文　　d 战国简帛　　e 战国简帛

图 66-1　"视"字的甲骨文、金文、楚简字形

如图 66-1 所示，在如今可见的"视"字甲骨文字形中，a 字占绝大多数，上从目，下从人，会意为人眼放大；b 字较少出现，上从示，下从目，会意为放在眼前看（一说目看天象）；金文字形（c 字）则由上下结构变为左右结构，又改"目"为"见"；而战国楚系简帛上的"视"又回归甲骨文字形，上"目"下"人"（d 字）或上"目"下"示"（e 字），其中 d 字占绝大多数。

由此可知，"视"的本义是"看"，又引申出"以物示人、展示"等含义（假借为"示"）。

注意，"视"在取"看"的义项时，并不等同于"看见"，仅仅是指眼力、视线所及而已。《说文》："视，瞻也。"《左传·僖公三十三年》："郑穆公使视客馆，则束载、厉兵、秣马矣。"《庄子·养生主》："吾见其难为，怵然为戒，视为止，行为迟。"《礼记·大学》："视而不见，听而不闻。"

第六十六章　炊者不立

而"视"只有在表示"以物示人、展示"的含义时，才能解读为通"示"。《说文通训定声》："视，假借为示。"

此外，关于"视""见""示"三字的内涵和细微差异，以及在本章中的具体用法，笔者在《道德经，古今有何不同》中阐释得比较清晰，这里直接引用如下：

> "自视不彰，自见者不明"的"视"字，帛书甲乙本均为"视"，帛书整理小组校勘为"示"。《说文通训定声·履部》："视，假借为示。"当"视"通"示"时，为"以事或物示人"的意思，如《汉书·高帝纪》："亦视项羽无东意。"所以，笔者认为此处的"视"不通"示"。注意，这里的"视"和"见"是有区别的。"视"意为目光所及，也就是看，没有判断结果的含义；"见"则是在"视"的基础上有了对结果的判断，也就是看见了，有见地、见解的意思。因此，才有"熟视无睹""视而不见"等词语。同时，"视"还有看待的意思（如"视死如归"）。结合上述"视"的两层意思，这里的"视"就有了很初级的"认同"含义，"自视"就有了"自我认同、自以为是"的意思，即"自是"（但"视"与"是"不同，有学者认为"视"为"是"的同音假借字，或不妥）。复原本取用帛书甲乙本的"视"字。①

【对照版本】

---

① 王骥：《道德经，古今有何不同》，华文出版社，2023年1月第1版，第326页。

傅奕本

企者不立,跨者不行。自见者不明,自是者不彰,自伐者无功,自矜者不长。其在道也,曰:"余食、赘行。"物或恶之,故有道者不处也。

王弼本

企者不立,跨者不行。自见者不明,自是者不彰,自伐者无功,自矜者不长。其在道也,曰:"余食、赘行。"物或恶之,故有道者不处。

河上公本

企者不立,跨者不行。自见者不明,自是者不彰,自伐者无功,自矜者不长。其于道也,曰:"余食、赘行。"物或恶之,故有道者不处也。

范应元本

企者不立,跨者不行。自见者不明,自是者不彰,自伐者无功,自矜者不长。其于道也,曰:"余食、赘行。"物或恶之,故有道者不处。

第六十七章　曲金枉定

（今本22章）

【帛书复真本】

　　曲则金，枉则定，洼则盈，敝则新，少则得，多则惑。是以声人执一，以为天下牧。不自视故章，不自见故明，不自伐故有功，弗矜故能长。夫唯不争，故莫能与之争。古之所谓曲金者，幾语才！诚金归之。

【帛书释文本】

　　曲则金[一]，枉则定[二]，洼则盈[三]，敝则新[四]，少则得，多则惑[五]。是以声人执一[六]，以为天下牧[七]。不〔自〕视故明〈章〉，不自见故章〈明（明）〉[八]，不自伐故有功，弗矜（矜）故能长。夫唯不争，故莫能与之争[九]。古〔之所〕谓曲金者，幾（几）〕语才（哉）[十]！诚金归之[十一]。

【帛书出土图版原文】

甲本

　　曲则金⌐，枉则定⌐，洼则盈，敝则新⌐，少则得⌐，多则惑⌐。是以声人执一，以为天下牧。不□视故明，不自见故章⌐，不自伐故有功，弗矜故能长⌐。夫唯不争，故莫能与之争⌞。古□□□□□□语才⌞！诚金归之。

乙本

曲则全，汪则正，洼则盈，獘则新，少则得，多则惑。是以聅人执一，以为天下牧。不自视故章，不自见也故明，不自伐故有功，弗矜故能长。夫唯不争，故莫能与之争。古之所胃曲全者，戋语才！诚全归之。

【校勘注释】

〔一〕根据后文"古之所谓曲金者"推断，"曲则金"很有可能是当时的一句谚语，体现了老子"反也者，道之动也"的思想。今本等版本为"曲则全"，帛书注家也几乎都校勘为"曲则全"，不妥，且歪曲了老子的思想。详见【考证辨真】。

〔二〕枉：本义为弯曲，引申为冤屈。定：指纠正、匡正。枉则定：冤屈的就矫枉匡正。详见【考证辨真】。另有观点认为，因"枉"的本字为"㭶"，而"㞢"指草木奋发而生，故"㭶"指木材纵向弯曲而结实，如古代木器的腿脚一般都是弯曲的；而"曲"则指木材横向弯曲更有力，如射箭的弓、扁担、拱桥等承力时都是弯曲的。故有人提出，"曲则金，枉则定"当释义为横向弯曲更有力，其功用贵如黄金，而纵向弯曲更稳固。此处待考。

〔三〕洼则盈：低洼的地方最容易充盈。如水田、池塘与山谷中的低洼地方，水最容易抵达而充盈。

〔四〕敝：凋敝、破旧。敝则新：破旧的东西最有可能更

第六十七章 曲全枉定

新。正所谓"旧的不去，新的不来"。

〔五〕少则得，多则惑：索取的少反而能够得到更多，贪得无厌反而会被私心迷惑。这里老子讲了一个辩证的道理，即如果人的私心杂念少，心智就不会被纷繁杂乱的欲望世界所迷惑、蛊惑而铸成大错。而且，"知足"有助于放宽心态，放飞思想，更能够获得快乐与进步，收获会更多。

〔六〕执：守、坚持。一：指上述相反相成的这一遵循"道"的原则。声人：比圣人低一个层次，泛指践行"大道"的那些有着巨大影响力，甚至可以左右社会价值观的大教育家、大政治家等名人。今本等版本将"声人"改为"圣人"，不妥。参见第四十六章（今本2章）对"圣人""声人"的考辨。

〔七〕牧：法度、范式。

〔八〕"不自视故章，不自见故明"句，帛书甲本为"不自视故明，不自见故章"，帛书乙本将"明"与"章"互换位置，帛书整理小组认为帛书乙本准确，笔者赞同并采纳。章：一段完整的乐曲或诗文，引申为全部、全貌，一说假借为"彰"。参考第六十六章（今本24章）相关考辨。

〔九〕"夫唯不争，故莫能与之争"句是对前文的总结，也是对老子"反也者，道之动也"思想的进一步阐释与升华。也就是说，只有做到第一层"曲则金……"、第二层"是以声人执一……"和第三层"不自视故章……弗矜故能长"，才能谈"不争，故莫能与之争"。所以说老子的"不争"是有条件的，而且条件很严苛，不能断章取义。

〔十〕幾："幾"的变体，如今"幾"已简化为"几"。

几：细微、精微。《说文》："几，微也。"《周易·系辞》："几者，动之微，吉之先见者也。"几语：指从客观事物中升华而得到的精妙至微之语。才：假借为"哉"。

〔十一〕诚：确实。归：归属。"诚金归之"有三种理解：一是，"曲则金"这一谚语的寓意诚如金玉；二是，"木曰曲直"，对应春天，代表万物欣荣，而"金曰从革"，对应秋天，代表万物收获并衰退，一年四季因"秋金"肃杀、收敛而归藏，故称"诚金归之"；三是，在中医学上，"木""金"分别代表肝和肺，有"肺主肃降"这一理论，故称"诚金归之"。上述三种理解都包含在"曲则金"的道理之中，且可呼应前文"古之所谓曲金者，几语哉"，"诚金归之"可翻译为"可谓金玉良言"。详见【考证辨真】。

【意解译文】

弯曲的就用斧斤修直，冤屈的就矫柱匡正，低洼的最容易充盈，破旧的最有可能更新，少取的却能够收获更多，贪多的反而容易迷乱。所以声人坚守这一原则，将其作为天下事理的范式。不自视自迷故能看清全貌，不自逞己见故能明晓事理，不自我夸耀故能功成业就，不自高自大故能保持长久。由此相反相成的道理与事例可知，不与人争，就没有人能与之争。古人所说的"曲则金"，精妙至微啊，可谓金玉良言。

【考证辨真】

"曲则金""曲则全"辨析

"曲则金"句，帛书甲本如此，帛书乙本与今本等版本

第六十七章 曲金枉定

均为"曲则全"。

"曲则全"很容易让人联想到"委曲求全"这个成语。该成语出自《汉书·严彭祖传》:"凡通经术,固当修行先王之道,何可委曲从俗,苟求富贵乎!"历代注家(含帛书注家)基本上都以"委曲求全"来解读"曲则全"。这里主要存在两个问题:

一是,"委曲求全"是有前提条件的,倘若无视其前提条件,就可能陷入投降主义。例如,面对黑恶势力欺压,自己本有力量还击,却以"委曲求全"自慰,那就属于阿Q式的自欺欺人了。

二是,如果不以"委曲求全"来解读"曲则全",那么"曲则全"又实在难以找到其他合理的解释。

那么,"曲则金"应该怎么理解呢?这里从三个角度来阐释。

第一,"曲"的意思是弯曲、曲折。《说文》:"曲,象器曲受物之形。"《玉篇》:"曲,不直也。"而"金"则代表刚直、强硬。《说文》:"金,五色金也。黄为之长,久埋不生衣,百炼不轻,从革不违。""曲则金"可以理解为:"出现弯曲、曲折等情况时,就需要刚直、强硬来调整、整治。"

第二,"曲"与五行中的"木"有关。《尚书·洪范》:"木曰曲直。"指的是树木的枝条具有生长、柔和、能屈能伸的特性。"金"与五行中的"金"有关。《尚书·洪范》:"金曰从革。""革"的本义为刮去兽皮上的毛,又指用皮革制成的甲胄、盾牌等。在制造皮革的过程中,需要用到刀具等金属修整使之成形,也就是说,"金"能通过改变、变革而产生作用。《荀子·劝学》:"木直中绳,𫐓以为轮,其曲中规。""曲则金"可以理解为:"弯曲的木头需要斧子等予以修伐,从而成为有用的材料。"

第三,"木曰曲直",对应春天,代表万物欣荣、生机勃勃;而"金曰从革",对应秋天,代表万物肃杀、收敛、衰退。这里的"曲金"就是指"春秋",即一年四季。"曲则金"可以理解为:"万物有春天的欣荣就必然有秋天的肃杀、收敛与归藏。"

综上所述,"曲则金"的意思是"弯曲的事物需要用强硬的方式予以调整、修伐"或"有春天的欣荣就必然有秋天的收敛与归藏"。

"枉""定"的含义考辨

"枉"是形声字。《说文》:"桂,邪曲也。从木,㞷声。"隶变后写作"桂",俗简作"枉",本义为弯曲,又有不正直、冤屈等含义。《淮南子·本经训》:"矫枉以为直。"《潜夫论·爱日》:"郡县既加冤枉,州司不治。"

如图67-1所示,"定"是会意字,从宀(房屋),从正(前往),会意为到房中止息。而"正"字从止(脚),从口

商甲骨文　　西周金文　　春秋金文　　楚系简帛　　秦系简牍

图67-1　"定"字的甲骨文、金文、楚简、秦简字形

（城），会意为直对着城邑进发，又有公正、端正、纠正、匡正等含义。

由此，"枉则定"的"定"意为订正、纠正、匡正，"枉则定"的意思是："冤屈的就矫枉匡正。"

"诚金归之"的含义考辨

"诚金归之"有三种理解。

一是，"曲则金"这一谚语的寓意诚如金玉，即"可谓金玉良言"。

二是，"木曰曲直"，"曲则金"的"曲"对应五行中的"木"，代表春天，意指万物欣欣向荣，也代表春季播种或草木开花；而"金曰从革"，"曲则金"的"金"对应五行中的"金"，代表秋天，意指万物肃杀、收敛、衰退，也代表果实成熟。这里的"曲金"就是指"春秋"，即一年四季。到了秋天，万物处于肃杀、衰退的状态，开始收敛、归藏，故称"诚金归之"。

三是，在中医学上，"木""金"分别代表肝和肺。此处涉及中医学基础理论之五行学说。

结合人体结构分析，五脏中，肺在最上面，中医称之为"华盖"。华盖就是伞形顶盖，也就是说，肺像一把伞一样盖住了心脏及下面的脏器。

如图 67-2 所示，人体有正常的气机升降路线，其中的上行途径主要是指肝脾肾之气往上面走，脾气上升，然后肝随脾升。

至于人体气机的下降，我们先来看它的动力来自哪里。

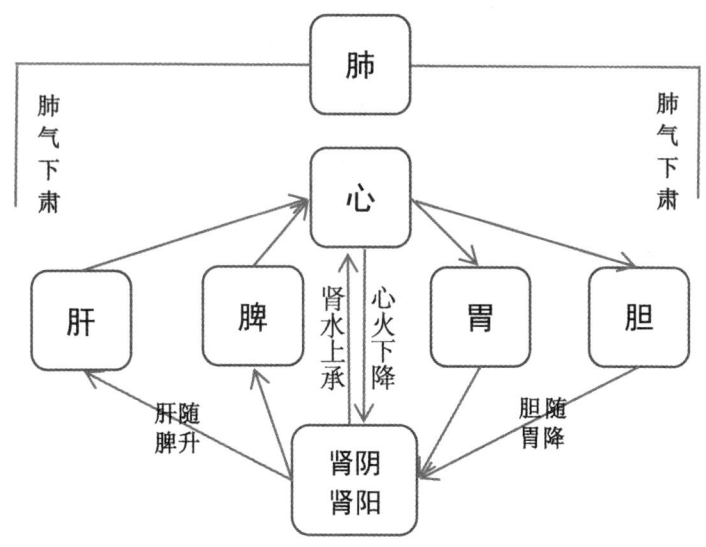

图 67-2 "肺主肃降"的中医理论模型

这主要取决于人体的肺。在中医理论中,心属于五行中的"火",对应夏天;肺属于五行中的"金",对应秋天。夏天结束,秋天来到,秋天的"金"代表肃杀、收敛与归藏,天气开始变凉,大气开始凝重。而人体的肺在五脏的最上端,肺气下肃,则心火随着往下走,从而带动人体的气机开始逐渐下降。于是,胃气往下走,胆随胃降,然后心火下降,进入肾中,则肾水不寒;肾水再上承,进入心中,则心火不至于过热。这就是中医学上的"肺主肃降"理论。

人们生活在天地间,与大自然和谐而呼应,这就叫作"天人合一",由此可知我们的老祖宗是多么的睿智啊!笔者认为,上述"肺主肃降"的理论和模型与《老子》"诚金归之"这一论述的内涵正相契合。

第六十七章　曲金枉定

【对照版本】

傅奕本

曲则全，枉则正，洼则盈，敝则新，少则得，多则惑。圣人抱一，以为天下式。不自见故明，不自是故彰，不自伐故有功，不自矜故长。夫惟不争，故天下莫能与之争。古之所谓曲则全者，岂虚言也哉！诚全而归之。

王弼本

曲则全，枉则直，洼则盈，敝则新，少则得，多则惑。是以圣人抱一，为天下式。不自见故明，不自是故彰，不自伐故有功，不自矜故长。夫唯不争，故天下莫能与之争。古之所谓曲则全者，岂虚言哉！诚全而归之。

河上公本

曲则全，枉则直，洼则盈，弊则新，少则得，多则惑。是以圣人抱一，为天下式。不自见故明，不自是故彰，不自伐故有功，不自矜故长。夫唯不争，故天下莫能与之争。古之所谓曲则全者，岂虚言哉！诚全而归之。

范应元本

曲则全，枉则正，洼则盈，敝则新，少则得，多则惑。是以圣人抱一，为天下式。不自见故明，不自是故彰，不自伐故有功，不自矜故长。夫惟不争，故天下莫能与之争。古之所谓曲则全者，岂虚言哉！诚全而归之。

第六十八章　希言自然

（今本 23 章）

【帛书复真本】

希言自然。飘风不冬朝，暴雨不冬日。孰为此？天地，而弗能久，又兄于人乎？故从事而道者同于道，德者同于德，失者同于失。同于德者，道亦德之；同于失者，道亦失之。

【帛书释文本】

希言自然[一]。飙（飘）风不冬（终）朝[二]，暴（暴）雨不冬（终）日[三]。孰为此？天地，〔而弗能久，又兄（况）〕于〔人乎〕[四]？故从事而道者同于道[五]，德者同于德，者〈失〉者同于失[六]。同〔于〕德〔者〕，道亦德之[七]；同于失者，道亦失之[八]。

【帛书出土图版原文】

甲本

希言自然。飙风不冬朝，暴雨不冬日⌐。孰为此？天地，□□□□□□于□□⌐？故从事而道者同于道，德者同于德，者者同于失⌐。同德□，道亦德之；同于失者，道亦失之⌐。

第六十八章 希言自然

乙本

希言自然。飘风不冬朝,暴雨不冬日。孰为此?天地,而弗能久,有兄于人乎?故从事而道者同于道,德者同于德,失者同于失。同于德者,道亦德之;同于失者,道亦失之。

【校勘注释】

〔一〕希言:少说话,这里指统治者要少发号施令、少干涉、不扰民。自然:事物自身本来的状况,指按照自身规律运行。

〔二〕飘:"飘"的繁文或变体,而"飘"是"飘"的异体字。飘风:大风、强风。冬:最后、终了,后作"终"。《说文》:"冬,四时尽也。……古文终字。"郭沫若《金文丛考》:"(金文中)冬字多见,但均用为终。"《释名》:"冬,终也,物终成也。"朝:早晨。《尔雅·释诂》:"朝,早也。"

〔三〕暴:"暴"的异体字。

〔四〕兄:假借为"况",况且、何况。《管子·大匡》:"兄与我齐国之政也。"

〔五〕"从事"有两种理解:一是指行事、做事;二是指办理政务。《论语·阳货》:"好从事而亟失时,可谓知乎?"《诗经·北山》:"偕偕士子,朝夕从事。"从事而道者:按道办事、按道施政的人或团体。"道"在这里是动词,指践道。

〔六〕失:指失道或失德。

〔七〕德:德泽、恩泽。

〔八〕今本等版本在本章最后添加"信不足焉,有不信焉"，实为画蛇添足。

【意解译文】

少施政令不扰民，事物自能按照其原本的规律运行。狂风刮不了一个早晨，暴雨下不了一整天。是谁让它们这样的呢？天地。天地的作为尚且不能长久，更何况人呢？所以，从事于道之人的行为必同于道，有德之人的行为必同于德，失德之人就等同于失道。与有德者保持一致的人，也会收获道的惠泽；与失德者保持一致的人，也会丧失道的恩泽。

【考证辨真】

本章没有需要重点考辨的字句。

【对照版本】

傅奕本

稀言自然。故飘风不崇朝，骤雨不崇日。孰为此者？天地也。天地尚不能久，而况于人乎？故从事于道者，道者同于道。从事于得者，得者同于得。从事于失者，失者同于失。于道者，道亦得之。于得者，得亦得之；于失者，失亦得之。信不足焉，有不信。

王弼本

希言自然。故飘风不终朝，骤雨不终日。孰为此者？天地。天地尚不能久，而况于人乎？故从事于道者，道者同于道，德者同于德，失者同于失。同于道者，道亦乐得之。同于德者，德亦乐得之；同于失者，失亦乐得之。信不足焉，有不信焉。

河上公本

希言自然。飘风不终朝，骤雨不终日。孰为此者？天地。天地尚不能久，而况于人乎？故从事于道者，道者同于道，德者同于德，失者同于失。同于道者，道亦乐得之。同于德者，德亦乐得之；同于失者，失亦乐失之。信不足焉，有不信焉。

范应元本

希言自然。故飘风不崇朝，暴雨不崇日。孰为此者？天地。天地尚不能久，而况于人乎？故从事于道者，道者同于道，德者同于德，失者同于失。同于道者，道亦得之。同于德者，德亦得之；同于失者，失亦得之。信不足，有不信。

第六十九章　有物昆成

（今本 25 章）

【帛书复真本】

有物昆成，先天地生。繡何缪何，独立而不亥，可以为天地母。吾未知其名，字之曰道，吾强为之名曰大。大曰筮，筮曰远，远曰反。道大，天大，地大，王亦大。国中有四大，而王居一焉。人法地，地法天，天法道，道法自然。

【帛书释文本】

有物昆成[一]，先天地生[二]。繡（绣）何（呵）缪（缭）何（呵）[三]，独立〔而不亥〕[四]，可以为天地母。吾未知其名，字之曰道，吾强为之名曰大。〔大〕曰筮[五]，筮曰远[六]，〔远曰反（返）〕[七]。道大〕，天大，地大，王亦大[八]。国中有四大，而王居一焉。人法地，〔地〕法〔天〕，天法〔道，道〕法〔自然〕[九]。

【帛书出土图版原文】

甲本

有物昆成，先天地生。繡何缪何，独立□□□，可以为天地母。吾未知其名，字之曰道，吾强为之名曰大。□曰筮

第六十九章　有物昆成

=（筮，筮）曰远，□□□□□，天大，地大，王亦大。国中有四大，而王居一焉⌐。人法地，□法□=（□，天）法□□法□□。

乙本

有物昆成，先天地生。萧呵漻呵，独立而不玹，可以为天地母。吾未知亓名也，字之曰道，吾强为之名曰大=（大。大）曰筮=（筮，筮）曰远=（远，远）曰反。道大，天大，地大，王亦大。国中有四大，而王居一焉。人法地=（地，地）法天=（天，天）法道=（道，道）法自然。

【校勘注释】

〔一〕"道"生"无"，"无"再生"有"，"有"即为事物，故"道"不可能是"事物"，可参考第四章（今本40章）对"物"的考辨。这里的"物"指的就是第一批物质，即神话传说中所谓的混沌，混沌再分天地。昆：后、之后。《尔雅·释言》："昆，后也。"《尚书·大禹谟》："禹，官占，惟先蔽志，昆命于元龟。"孔安国传："昆，后也。""有物昆成"即"有物后成"，指第一批物质在"道"之后被创生。帛书注家大多按照今本等版本将"昆"校勘为"混"，意思大变，且误解了"道"的概念，实属不妥。详见【考证辨真】。

〔二〕先：先于。先天地生：在天地之前就存在。《庄子·大宗师》就将"道"描述为："自本自根，未有天地，自古以固存。"

〔三〕繡："绣"的异体字。缪：假借为"缭"，缭绕、缠绕。《汉书·司马相如传》："缪绕玉绥。""绣呵缭呵"句，老子可谓极其形象、生动地描绘了"道"创生天地、乾坤及万事万物的动态过程，可直译为："'道'用五彩丝线牵引、缝缀出一个宏大的立体网络空间，又缝绣出万事万物，并用丝线将它们固定、缠绕、粘连在这个浩瀚的网络空间的不同位置上，进而形成天地和宇宙。"可意译为："它创生万物与乾坤啊，五彩斑斓而浩瀚。"详见【考证辨真】。帛书注家大多按照今本等版本将"绣""缭"校勘为"寂""寥"，文意空洞，境界大降，还有把民众误导向"虚无主义"泥潭的嫌疑。何：假借为"呵"。

〔四〕"亥"字，帛书甲本缺失，帛书乙本为"㤥"（"改"的异体字），这里取用楚简的"亥"。帛书注家大多按照今本等版本校勘为"改"或"㤥"，实属不妥。"亥"是十二地支的末位。"一元复始"既可指一年的小轮回，又可指天地乾坤的大轮回。在大轮回中，十二地支各自代表一"会"，每一个"会"为10,800年，从"子会"天地重启到"亥会"结束共计129,600年。这里的"不亥"就是指天地乾坤不断地进行大轮回，无始无终，永不停止。详见【考证辨真】。

〔五〕筮：本义为用蓍草卜问吉凶，引申为推衍万物、衍生万物。"筮法"与"周易""八卦"有着密不可分的关系，古代高度重视天地、神灵与祭祀，"筮法"是非常重要的概念。由此，老子使用"筮"表示"道生一，一生二，二生三，三生万物"及"太极生两仪，两仪生四象，四象生八卦"的宇宙生成论重要思想。帛书注家大多按照今本等版本将"筮"校勘为"逝"，文意大变，境界大降，实属不妥。大曰

第六十九章　有物昆成

筮：大就会衍生万物。

〔六〕"筮曰远"指万物衍生之后，就会逐渐延伸辽远，无边无际且长存久远。

〔七〕反：假借为"返"，指天地乾坤返回初始、原本的状态，开启新一轮大循环。注意，这里描述的是"道"创生出来的天地乾坤的大循环，"道"本身是不存在循环的。

〔八〕大：即"万物归焉而弗为主，可名于大"的"大"。"王亦大"指古代诸侯王在邦国中具有最高权力，而要想长久保持"大"，则需具备谦卑守下的德行。

〔九〕自然：指"道"本来的运行规律。"道"是一切事物产生、运行的原动力，是不可能取法于"自然界"的。

【意解译文】

物质在它之后创生，它在天地之前存在。它创生万物与乾坤啊，五彩斑斓而浩瀚，它独立长存，无始无终，可以作为天地的根本。我不知道它的名字，勉强把它叫作"道"，勉强描述它为"大"。大就会衍生万物，衍生万物就会长远无边，长远无边就会返回本源。道大而创生天地万物，天大而无所不在其下，地大而无所不由其承载，王大而无所不由其管辖。国之疆域有此四大，而尊王之大为其一。人取法于地，地取法于天，天取法于道，道取法于它本来的运行规律。

【考证辨真】

"有物昆成"的含义考辨

"有物昆成"句，帛书甲乙本均如此，今本等版本为

"有物混成"。该句的解读争议很大,主要围绕"物""昆"两个字。我们先来谈"昆"字。

多数帛书研究者将"昆"注释为通"混",这是错误的。"混"的本义是水势盛大,又有浑浊、杂糅等含义。《说文》:"混,丰流也。"段玉裁注:"盛满之流也。《孟子》曰:'源泉混混。'古音读如衮,俗字作滚。"如果说伟大的"道"像水势合流一样混合而成,这不仅会让人对"道"感到一头雾水、莫名其妙,而且也没有什么实际意义,难以自圆其说。

而"昆"是会意字,会意为太阳为天下人所共同享有(一说会意为双鸟比翼而负日,即双鸟共同背着阳气往来于天地之间),本义是同、共同。《说文》:"昆,同也。从日,从比。"段玉裁注:"从日者,明之义也,亦同之义也。从比者,同之义。今俗谓合同曰浑,其实当用昆。"也有观点认为"昆"由"众"分化而来,"昆""众"二字的古文字形均像众人在太阳底下从事劳动。《说文》段玉裁注:"昆者,众也。"《太玄·玄摛》:"理生昆群。"从这个角度理解,"有物昆成"即"有物同生"或"有物众生"。这样解读,同样有些牵强。

实际上,想要正确理解"昆"字,需要充分认识"物"字。"道"看不见摸不着,庄子说它"自本自根",它能是"物"吗?肯定不是"物",可参考第四章(今本40章)对"物"的考辨。这里要将"物"与"有"放在一起理解。正所谓"道"生"无","无"再生"有","有"与"物"同时出现并不是重复,而是强调"道"与"物质"之间的"母子""先后"关系。这里的"物"就相当于神话传说中所谓的

"混沌"。

"混沌"是"道"从"无"演化出的第一批物质,从此"无"就转化成了"有"。"混沌"再一分为二,于是便形成了"天地"。老子在"有物昆成"之后便点明"先天地生",就是这个道理。

明白了这一点,我们回过头来再看"昆"字。"昆"还有"后"的含义。《尔雅·释言》:"昆,后也。"《尚书·大禹谟》:"禹,官占,惟先蔽志,昆命于元龟。"孔安国传:"昆,后也。"《尚书·仲虺之诰》:"垂裕后昆。"孔安国传:"垂优足之道示后世。"因此,"有物昆成"的意思就是"有物质在其后创生",也就是说,物质是在"道"之后衍生出来的。

联系前后文,"有物昆成,先天地生"的意思就是:"物质在它之后创生,它在天地之前存在。"可见,不论是从语法表述的角度讲,还是从文意连贯的角度讲,"有物昆成"都更加合理。帛书《老子》的出土,让我们理解了《老子》的真意。

"绣呵缪呵"的含义辨析

"繡(绣)何(呵)缪(缪)何(呵)"句,帛书甲本如

传抄古字"绣"　　秦系简牍"绣"　　传抄古字"缪"　　秦系简牍"缪"

图 69-1 "绣"和"缪"的古字、秦简字形

此，帛书乙本为"萧呵漻呵"。这里应该如何理解？

"繡（绣）"字从糸，肃声，肃也兼表谨慎细心之意。"繡（绣）"的本义是五彩兼备，又表示用彩色丝线在绸布上千针万孔地穿引，从而刺出花纹、图案或文字（如图69-1所示）。"缪"假借为"缭"，有缠绕、缝缀的含义。《说文》："缭，缠也。从糸，尞声。"

老子用了在当时应该算是很时髦的刺绣工艺的相关字眼"绣"和"缭"，来比喻"道"在一张巨大的立体画布上用丝线牵引、缝缀出一个宏大的立体网络空间，然后再缝绣出万事万物，并用丝线将它们缠绕、固定、粘连在这个浩瀚的网络空间的不同位置上，进而形成天地与宇宙。于是，如此浩渺的天地、乾坤及繁多杂沓的万事万物就这样被"道"创造了出来，正如老子所描述的那样："天网恢恢，疏而不失。"

联系到如今天文学对宇宙中星体、星系、星云、星系团，以及超星系团复合体、星系长城和星系板等大尺度纤维状结构的探索、认知与描述，可见老子早在两千多年前就用"丝状缠绵"的"绣呵缭呵"来形容宇宙是多么具有前瞻性！同时可知，老子以此来描绘"道"创生宇宙、天地与万物是多么的准确、生动与形象！

反观帛书乙本的"萧呵漻呵"（即"多么深静多么肃穆啊"），以及今本等版本的"寂兮寥兮"（即"多么寂静多么空虚啊"），表意明显虚无、空洞，使老子对"道"的明确描述变为虚无缥缈、捉摸不定的模糊认知，有把民众误导向"虚无主义"泥潭的嫌疑。

第六十九章　有物昆成

"不亥""不㧱""不䇳"辨析

"独立而不亥，可以为天地母"的"亥"字，帛书甲本缺失，帛书乙本为"㧱"，今本等版本为"改"，楚简为"亥"。这里应取用哪个字，其含义又是什么呢？

"㧱"是"改"的异体字，也就是说，帛书乙本与今本等版本一致。而今本等版本为了配合"改"字，后面强行添加了一句"周行而不殆"，即"独立不改，周行而不殆，可以为天下母"。

"道"创生天地万物，万物循环往复，而"道"是"自本自根，未有天地，自古以固存"的，所以，"道"是不会随天地万物而循环的。虽然说用"独立不改"形容"道"本身没有什么问题，但是放在这里没有什么意义，而添加"周行而不殆"就纯属画蛇添足了。

一些帛书研究者认为，此处应该是"䇳"字。《说文》："䇳，兼晐八极地也。"段玉裁注："四方所至谓之四极，八到所至谓之八极。"《国语·周语》："天子居九䇳之田。""䇳"的本义是八极之内的广大土地，又有界限的含义。由此，"不䇳"就是指无边无际。

但是联系后文，"可以为天地母"指的是其存在的时间早于天地，与"不䇳"（无边无际）并没有前后逻辑关系；而且，用"无边无际"来描述"道"并不准确，特别是"䇳"字的"界限"之意主要是针对"土地"而言。

接下来，我们看看楚简的"亥"字。"亥"是中国古代干支纪法中的重要概念，是十二地支的末位。在古人看来，一天有十二个时辰，一年有十二个月，从而形成了"元"的概念，一个小轮回是十二年，一个甲子是五个小轮回，即六十年。

而"元"有大有小，"一元复始"既可指一年的小轮回，又可指天地乾坤的大轮回，于是就有了"会"的概念。一"元"分为十二"会"，分别对应十二地支，每一个"会"为10,800年，从"子会"开始天地重开到"亥会"结束，共计129,600年，这是一个大轮回。

这里的"不亥"就是指天地乾坤不断地进行大轮回，永不停息，这就与后文"可以为天地母"形成了有效的呼应。因此，此处应该取楚简的"亥"字。

【对照版本】

傅奕本

有物混成，先天地生。寂兮寞兮，独立而不改，周行而不殆，可以为天下母。吾不知其名，故强字之曰道，强为之名曰大。大曰逝，逝曰远，远曰返。道大，天大，地大，人亦大。域中有四大，而王处其一尊。人法地，地法天，天法道，道法自然。

王弼本

有物混成，先天地生。寂兮寥兮，独立不改，周行而不殆，可以为天下母。吾不知其名，字之曰道，强为之名曰大。大曰逝，逝曰远，远曰反。故道大，天大，地大，王亦大。域中有四大，而王居其一焉。人法地，地法天，天法道，道法自然。

第六十九章　有物昆成

河上公本

有物混成，先天地生。寂兮寥兮，独立而不改，周行而不殆，可以为天下母。吾不知其名，字之曰道，强为之名曰大。大曰逝，逝曰远，远曰反。故道大，天大，地大，王亦大。域中有四大，而王居其一焉。人法地，地法天，天法道，道法自然。

范应元本

有物混成，先天地生。寂兮窦兮，独立而不改，周行而不殆，可以为天地母。吾不知其名，故强字之曰道，强为之名曰大。大曰逝，逝曰远，远曰反。故道大，天大，地大，人亦大。域中有四大，而人居其一焉。人法地，地法天，天法道，道法自然。

第七十章　重为巠根

（今本 26 章）

【帛书复真本】

重为巠根，清为趮君。是以君子众，日行不离其甾重，唯有环官，燕处则昭若。若何万乘之王而以身巠于天下？巠则失本，趮则失君。

【帛书释文本】

〔重〕为巠根[一]，清为趮（躁）君[二]。是以君子众，日行不离其甾（辎）重[三]，唯有环官[四]，燕处〔则昭〕若[五]。若何万乘之王而以身巠于天下[六]？巠则失本，趮（躁）则失君[七]。

【帛书出土图版原文】

甲本

□为巠根，清为趮君。是以君子众，日行不离其甾重，唯有环官，燕处□□若＝（若。若）何万乘之王而以身巠于天下？巠则失本，趮则失君。

第七十章　重为巠根

乙本

重为轻根,靗为趮君。是以君子冬,日行不远亓甾重,虽有环官,燕处则昭若=(若。若)何万乘之王而以身轻于天下?轻则失本,趮则失君。

【校勘注释】

〔一〕"巠"字,帛书甲本为"巠",帛书乙本与今本等版本为"轻",帛书整理小组亦校勘为"轻",帛书注家大多也校释为通"轻",或有误。此处的"巠"字与第四十章(今本75章)的"巠"字含义不同。《说文》:"巠,水脉也。从川,在一下。一,地也。"即水脉在地下川行。水的特性是趋下而厚积,而其根源来自重力。

老子在这里要表达的是,邦国的根基如同地下的水脉,其厚积与源远流长的根本如同邦国根基的枢纽,君王抓住这个根本(即持重)即可纲举目张,甚至四两拨千斤(体现出老子的"无为"思想)。详见【考证辨真】。

〔二〕清:清除,这里指清心。趮:"躁"的异体字,这里指杂务劳心而躁动。君:主宰、主导。"清为趮君"指清除各种杂务劳心之困扰(即抓大放小,集中精力专注于大事)是规避因躁动而错误决策的法宝。

历代注家(含帛书注家)大多将此处的"清"注释为"清静",不妥。在处理邦国错综复杂的事务时,只靠被动清静是远远不够的,排除杂务的清心才是重点。

〔三〕君子:对统治者和贵族男子的通称,后指才德出众之人,这里指君王、君主。"众"假借为"终","众日"即

"终日",意为整日。故此处有"是以君子众(终)日行,不离其辎重"的断句方式。而"是以君子众,日行不离其辎重"的意思是:"所以君王率领群臣,平日出行不会远离辎重。"这种释义最佳,因为君王不会整日在外行走。

甾:假借为"辎"。辎重:车马、随从及后备物资,这里借指君王的护卫及京畿的安全防护。君王外出时,外敌或内奸乘机偷袭君王或京畿导致亡国的案例很多。

〔四〕唯:只有、只是。环官:即环人,这里指守卫君王安全与辎重的卫队。《周礼·环人》:"环人,掌致师,察军慝,环四方之故。"《左传·文公元年》:"使为大师,且掌环列之尹。"杜预注:"环列之尹,宫卫之官,列兵而环王宫。"今本等版本将"环官"改为"荣观",一些学者注释为"胜景、壮景",意思彻底改变。

〔五〕"燕处则昭若"句,帛书甲本缺失"则昭"二字,以帛书乙本补足。本句有两种理解:其一,"昭若"的意思是如同白昼。"燕"假借为"宴",如《周礼·磬师》:"燕乐之钟磬。""燕处"即就宴处,这里指晚上、夜晚。夜晚如同白昼的意思是一直、始终。其二,"燕"指安宁、安逸,如《周易·中孚卦》:"虞吉,有它不燕。""燕处"指安全,"昭若"即明显、显著的样子,"燕处则昭若"意为安全护卫则更显著。今本等版本将"燕处则昭若"改为"燕处超然",意思大变。

这里,老子通过"君子众,日行不离其辎重,唯有环官,燕处则昭若"的陈述,表达了两层含义:一是,君王在外,最根本的是要保证君王自身及京畿的安全,要充分借助卫队和京城守军的防护；二是，以此借指君王日常理政要专注于邦国的核心事项，其他众多基础性、常规性事项，则可通过选贤任能，放手借力去处理。

〔六〕若何：为何。万乘：指拥有兵车万辆的大国。据姜子牙《司马法》记载："长毂一乘，马四匹，牛十二头，甲士三人，步卒七十二人。"以身巠于天下：亲自去做邦国的基础性繁杂事务来治理天下。邦国的基础性繁杂事务属于"巠"，需要由大臣或有才干的其他人去做，而非君王亲自去做，君王应持重以掌控国之要务。这体现了老子"无为而无不为"的思想与大智慧。帛书注家大多按照今本等版本将"巠"释义为"轻"（轻率、轻浮），过于表面化，不妥。

〔七〕"巠则失本，躁则失君"句，回归本章的主题，并进行总结。君王如被繁杂事务所缠绕，就会迷失其中，失去对根本的把控，如不排除杂务劳心的困扰，就会陷入疲惫、躁动，可能屡屡作出错误的决策，乃至丧失对邦国的主宰。

【意解译文】

持重是地下水脉的根本，清心是规避因躁动而错误决策的法宝。所以，君王率众在外出行，重心不离自身及京畿后方的安全，只有把握要务并借力禁卫护备，才能始终保证朝政与邦国的太平。为什么大国君主要亲自去做邦国的基础性繁杂事务，而不去掌控国之要务呢？专注于基础性繁杂事务就会失去对根本的把控，因躁动而错误决策就会丧失对邦国的主宰。

【考证辨真】

"巠"字的本义考辨

"重为巠根"的"巠",帛书甲本为"巠",帛书乙本与今本等版本为"轻",历代注家(含帛书注家)大多注释为通"轻",或有误。这里进行辨析。

传抄古字　　西周早期金文　　西周晚期金文　　《说文》小篆

图 70-1　"巠"字的古字、金文与小篆字形

如图 70-1 所示,"巠"字最上面的一横代表地面,最下面的"工"字,实则是人在土上(即压实),逐渐演化成阻止水流下渗的地质构造,而中间部分便是"水",即在地表下形成"川流"的水。

《说文》:"巠,水脉也。从川,在一下。一,地也。"由此可知,"巠"的本义是水脉在地下川行。可以这样来理解:水之所以能够形成山川瀑流、河湖江海,滋润万物,灌溉八方,其本性就在于"趋下",而趋下的根源就在于它能持重,即有重量(受重力影响)。

有人可能会问,世间万物向下运动不都是因为它们有重量吗?为何老子要选用水,而且是地下水来论述呢?

没错,万物皆有重量,而水的流动性与"持重"性质相结合,便形成了其独有的特性,即最善于趋下。"水之形,避高而趋下""水因善下终归海""人往高处走,水往低处流"……若干古语也印证了这一点。

在水流之中,地下水又最为特别,它因为持重趋下而冲开地下的松土,在岩石之间还能汇聚,形成地下河川,流淌到很远的地方。在老子看来,地下水脉的厚积与源远流长就类似于邦国深深扎根于地下的基石。"重为巠根"的含义就是把握持续向下的重力(即持重)是水脉在地下汇集并川流不息的核心与根本。

换句话说,老子的意思是,君王要认识到地下水脉的厚积与源远流长(即"巠",类比"国之基础")的重要性,要专注去做邦国的核心要务(即"巠根",一是指邦国基础中的基础,二是指邦国整体核心事务中的核心),而基础性繁杂事务要放手调动群臣与民众去做。这体现了老子"无为而无不为"的思想与大智慧。

今本等版本将"巠"改为"轻","重为轻根"意为"重是轻的基础或根本",这无论怎么解释都非常牵强且模棱两可,实在难以自圆其说。

古代战车及一乘配制的考辨

"乘"是古代战车的基本编制单位,分为攻车和守车。

对于攻车而言,每车一乘,载甲士三人,按左、中、右排列。左方甲士持弓,主射,是一车之首,称"车左",又称"甲首";右方甲士执戈或矛,主击刺,并有为战车排除障碍的职责,称"车右",又称"参乘";居中的甲士驾驭战车,称"御者",只随身佩带卫体兵器短剑。一乘攻车另配马四匹、牛十二头,步卒七十二人,兵力共为七十五人。据姜子牙《司马法》记载:"长毂一乘,马四匹,牛十二头,甲士三人,步卒七十二人。"《汉书·刑法志》:"戎马四匹,兵车一乘,牛十二头,甲士三人,卒七十二人。"

如果有大将或国君在车上的话,他们则替换居左的甲士,仅配短剑等近身自卫武器,而居中、居右的甲士配置不变。《左传·成公二年》:"癸酉,师陈于鞌。邴夏御齐侯,逢丑父为右。晋解张御郤克,郑丘缓为右。齐侯曰:'余姑翦灭此而朝食。'"

三甲士一乘属于标配,此外还有四人共乘的情况,称为"驷乘",兵器配置除三名甲士随身携带之外,车上还有若干有柄格斗兵器。据《周礼·考工记》记载,这些兵器包括戈、殳、戟、酋矛、夷矛,插放在战车的车舆两旁,供甲士在作战中使用,合称"车之五兵"。当然,这也并非通例,属于临时搭载的配置。

上述攻车的乘法可以追溯到商朝。在殷墟车马坑中,三名甲士分布两处,车后二人,舆侧一人;三套兵器,第一套华贵精美,另外两套仅为一般的铜质,有明显的等级差别,兵器的品种也明显有射御之分。据《左传》等文献记载,西周和春秋时期的乘法也与此相同。实际上,到了战国乃至秦朝,每乘战车仍然是甲士三人,形制也没有大变化。

对于守车而言,每车一乘。《孙子兵法》注引曹操《新书》:"炊子十人,守装五人,厩养五人,樵汲五人,共二十五人。"这应该属于后勤。

另有说法认为,每攻车一乘的兵力前后有所变化,如西周时为甲士十人,步卒三十人,共四十人;后来演变为甲士三人,步卒七十二人。

【对照版本】

傅奕本

重为轻根,靖为躁君。是以君子终日行,不离其辎重,虽有荣观,宴处超然。如之何万乘之主,而以身轻天下?轻则失本,躁则失君。

王弼本

重为轻根,静为躁君,是以圣人终日行,不离辎重,虽有荣观,燕处超然。奈何万乘之主,而以身轻天下?轻则失本,躁则失君。

河上公本

重为轻根,静为躁君。是以圣人终日行,不离辎重,虽有荣观,燕处超然。奈何万乘之主,而以身轻天下?轻则失臣,躁则失君。

范应元本

重为轻根,静为躁君。是以君子终日行,不离辎重,虽有荣观,宴处超然。如之何万乘之主,而以身轻天下?轻则失本,躁则失君。

第七十一章　善行无迹

（今本 27 章）

【帛书复真本】

善行者无弽迹，善言者无瑕适，善数者不以梼筴。善闭者无阓籥而不可启也；善结者无纆约而不可解也。是以声人恒善恢人，而无弃人，物无弃财，是胃伸明。故善人，善人之师；不善人，善人之赍也。不贵其师，不爱其赍，唯知乎大粗，是胃眇要。

【帛书释文本】

善行者无弽（辙）迹[一]，〔善〕言者无瑕适（谪）[二]，善数者不以梼（筹）筴（策）[三]。善闭者无阓（关）籥（钥）而不可启也[四]；善结者〔无纆（纆）〕约而不可解也[五]。是以声人恒善恢（救）人[六]，而无弃人，物无弃财，是胃（谓）伸明（明）[七]。故善〔人〕，善〔人〕之师；不善人，善人之赍（资）也[八]。不贵其师，不㤈〈爱〉其赍（资），唯知（智）乎大【米目，左右结构】（迷）[九]，是胃（谓）眇要[十]。

第七十一章　善行无迹

【帛书出土图版原文】

甲本

善行者无勶迹，□言者无瑕适，善数者不以梼筴。善闭者无闗籥而不可启也；善结者□□约╚而不可解也╚。是以声人恒善俅人，而无弃人，物无弃财╚，是胃伸明。故善=□□之师；不善人，善人之齎也╚。不贵其师，不悉其齎，唯知乎大眯，是胃眇要。

乙本

善行者无达迹，善言者无瑕适，善数者不用梼筞。善〇闭者无关籥而不可启也；善结者无纆约而不可解也。是以即人恒善俅人，而无弃人，物无弃财，是胃曳明。故善=人=（善人，善人）之师；不善人，善人之资也。不贵亓师，不爱亓资，虽知乎大迷，是胃眇要。

【校勘注释】

〔一〕勶：假借为"辙"，车轮碾出的痕迹。

〔二〕适：假借为"谪"，过失、毛病。《史记·陈涉世家》："发闾左适戍渔阳九百人。""瑕适"即"瑕谪"，这里指人的缺点、过错。"瑕适"还有另外两种理解，详见【考证辨真】。

〔三〕梼：假借为"筹"。筴："策"的异体字。筹策：古代计算用具。

〔四〕闗（guān）："关"的异体字，关闭。籥："钥"的异体字，锁钥。闗籥：即关钥，门闩。

〔五〕纆（mò）："繹"的异体字，绳索。约：捆缚、束缚。纆约：绳索。

〔六〕声人：比圣人低一个层次，泛指践行"大道"的那些有着巨大影响力，甚至可以左右社会价值观的大教育家、大政治家等名人。今本等版本将"声人"改为"圣人"，不妥。参见第四十六章（今本2章）对"圣人""声人"的考辨。㤾："救"的异体字，救助、拯救。

〔七〕恮（shēn）：忧愁、忧思。《康熙字典》："恮，忧也。"恮明：忧思后的明智。帛书注家大多按照今本等版本将"恮"校勘为"袭"，不妥。

〔八〕齎："资"的异体字，凭借、借助。"不善人，善人之资也"的意思是，对于善良的人来说，不善于上述本领的人可以作为借鉴。

〔九〕"知"与"智"同源，这里的"知"同"智"，指智巧（包含智慧、心机、巧诈等内涵），参见第二十八章（今本65章）对"知""智"的考辨。

唯：只有、只是。乎：语气助词。眯：本义是灰尘等异物进入眼中使视线模糊，引申为迷乱、糊涂。唯智乎大眯：只以为自己聪明，实则是大糊涂。"唯智乎大眯"也可断句为："唯智乎？大眯。"

〔十〕眇：本义是一只眼小，引申为详视、细视，寓意用神识辨别本真。参见第四十五章（今本1章）对"眇"的考辨。要：要义、关键。眇要：辨别本真的要义。帛书注家大多按照今本等版本将"眇要"校勘为"要妙"，不妥。

第七十一章 善行无迹

【意解译文】

善于行走的人不会留下痕迹，善于辞令的人说话不会有差错，善于算术的人不用竹码筹算。善于闭门的人不用门闩而他人难以打开，善于打结的人不用绳索而他人不能解开。因此，声人一直善于拯救他人，而没有被抛弃的人，也没有被抛弃的财物，这就叫作忧思后的明智。所以善于上述本领的人是善良者的老师，不善于上述本领的人可以作为善良者的借鉴。不尊重老师的指导，不爱惜从他人身上获得的借鉴，只以为自己聪明，实则是大糊涂。这正是辨别本真的要义。

【考证辨真】

"瑕适（谪）"的含义辨析

"善言者无瑕适（谪）"指善于辞令的人说话不会有差错。而其中的"瑕适"还有另外两种理解，这里进行简单辨析。

天然的玉石一般都有杂质，这些杂质叫作"瑕"或"瑕疵"。玉石的"瑕"是自然形成的，是正常的，正所谓"无瑕不成玉"。如果喜欢玉，就要接受它的瑕疵。

玉石中的瑕疵主要有棉花、水线、裂纹、僵、杂色等。《淮南子·说林训》："若珠之有颣，玉之有瑕，置之而全，去之而亏。"梅尧臣《答宣城张主簿遗鸦山茶次其韵》："雪贮双砂罂，诗琢无玉瑕。"

历朝历代的能工巧匠把玉石的瑕疵充分利用起来，反而变成作品的亮点和特色。如某块玉石上有两个对称的黑点，工匠就把它们设计为昆虫眼中的黑仁。如此一来，瑕疵变亮点，如同画龙点睛，让人拍案叫绝。

通过雕琢使瑕疵变为亮点的过程就叫作"适"，取适合、恰当之意。由此，"善言者无瑕适"就有两种理解：其一，即善于辞令的人不可能出现瑕疵，更不可能出现将瑕疵变为亮点的情况，也就是说从源头上杜绝了瑕疵、错误的出现；其二，善于辞令的人不可能有瑕疵，即使有瑕疵，也能将其变为亮点而让人信服。

上述两种理解与【校勘注释】中的解读不同，仅供读者参考。

【对照版本】

傅奕本

善行者无辙迹，善言者无瑕谪，善数者无筹策。善闭者无关键而不可开；善结者无绳约而不可解。是以圣人常善救人，故人无弃人；常善救物，故物无弃物，是谓袭明。故善人者，不善人之师；不善人者，善人之资。不贵其师，不爱其资，虽知大迷，此谓要妙。

王弼本

善行无辙迹，善言无瑕谪，善数不用筹策。善闭无关楗而不可开；善结无绳约而不可解。是以圣人常善救人，故无弃人；常善救物，故无弃物，是谓袭明。故善人者，不善人之师；不善人者，善人之资。不贵其师，不爱其资，虽智大迷，是谓要妙。

第七十一章 善行无迹

河上公本

善行无辙迹,善言无瑕谪,善计不用筹策。善闭无关楗而不可开;善结无绳约而不可解。是以圣人常善救人,故无弃人;常善救物,故无弃物,是谓袭明。故善人者,不善人之师;不善人者,善人之资。不贵其师,不爱其资,虽智大迷,是谓要妙。

范应元本

善行者无辙迹,善言者无瑕谪,善数者无筹策,善闭者无关楗,善结者无绳约。是以圣人常善救人,故人无弃人;常善救物,故物无弃物,是谓袭明。故善人,不善人之师;不善人,善人之资。不贵其师,不爱其资,虽知大迷,是谓要妙。

第七十二章　知雄守雌

（今本 28 章）

【帛书复真本】

知其雄，守其雌，为天下溪。为天下溪，恒德不离。恒德不离，复归婴儿。知其白，守其辱，为天下浴。为天下浴，恒德乃足。德乃足，复归于楃。知其白，守其黑，为天下式。为天下式，恒德不貣。德不貣，复归于无极。楃散则为器。声人用则为官长，夫大制无割。

【帛书释文本】

知其雄[一]，守其雌[二]，为天下溪[三]。为天下溪，恒徳〈德〉不難〈离〉[四]。恒〔徳〈德〉〕不難〈离〉，复归婴儿[五]。知其白[六]，守其辱[七]，为天下〔浴〕[八]。为天下浴，恒德乃〔足〕。德乃〔足，复归于楃〕[九]。知其〔白〕[十]，守其黑[十一]，为天下式[十二]。为天下式，恒德不貣（贷）[十三]。德不貣（贷），复归于无极[十四]。楃散〔则为器[十五]。声〕人用则为官长[十六]，夫大制无割[十七]。

第七十二章　知雄守雌

【帛书出土图版原文】

甲本

知其雄，守其雌，为＝天＝下＝溪＝（为天下溪。为天下溪），恒＝德不＝雞＝（恒德不雞。恒不雞），复归婴儿。知其白，守其辱㇄，为＝天＝下＝（为天下。为天下）浴，恒德＝乃＝□□□□□□。知其，守其黑，为＝天＝下＝式＝（为天下式。为天下式），恒德＝不＝貣＝（德不貣。德不貣），复归于无极㇄。楃散□□□□人用则为官长，夫大制无割。

乙本

知亓雄，守亓雌，为＝天＝下＝鸡＝（为天下鸡。为天下鸡），恒＝德＝不＝离＝（恒德不离。恒德不离），复□□□□亓白，守亓辱，为＝天＝下＝○浴＝（为天下浴。为天下浴），恒＝德＝乃＝足＝（恒德乃足。恒德乃足），复归于朴。知亓白，守亓黑，为＝天＝下＝式＝（为天下式。为天下式），恒＝德＝不＝贷＝（恒德不贷。恒德不贷），复归于无极。朴散则为器。聅人用则为官长，夫大制无割。

【校勘注释】

今本等传世版本将本章多个句子改换了位置，使得层层递进的关系被颠倒。

〔一〕雄：比喻刚劲、躁动、强大。

〔二〕雌：比喻柔弱、静穆、谦下。

〔三〕溪：溪谷、沟溪。

〔四〕今本等版本为避讳汉文帝刘恒的"恒",将"恒"改为"常",意思变了。

〔五〕"婴儿"象征稚气、纯真,这里用来类比"为道者"纯真厚朴的状态,详见【考证辨真】。

〔六〕白:洁白。今本等版本将"白"改为"荣",帛书注家大多也将"白"校勘为"荣",认为此处应是"荣""辱"搭配,但如此则不契合上下文意,且误解了"浴"字的正确含义,不妥。详见【考证辨真】。

〔七〕辱:污浊。

〔八〕"浴"指的是包含山川溪河、陆地降雨在内的水循环体系,范畴比"谷"大得多,参见第二章(今本39章)对"浴""谷"的考辨。

〔九〕楃:这里指"道"的拙朴、浑朴态,参见下文。

〔十〕白:明亮、明达、是。

〔十一〕黑:暗昧、糊涂、非。

〔十二〕式:本义为法度、规矩,引申为榜样、模范、范式。

〔十三〕恒德:恒久不变的德行。参见第六十五章(今本21章)对"孔德""玄德""恒德"的考辨。貣:"贷"的异体字,这里指缺少、缺失。帛书注家大多按照今本等版本将"貣"校勘为"忒",不妥。

〔十四〕无极:无穷尽、无边际。这属于"道"的终极概念,这里指宇宙之源、洪荒无限的状态。

〔十五〕"楃"字,帛书甲本为"楃",帛书乙本与今本等版本为"朴"。"则为器",帛书甲本缺失,取用帛书乙本。"楃"的本义是在野外搭建的供自我使用的木屋。在

第七十二章 知雄守雌

老子的思想里,"楃"与"本我""自我""元气",乃至"道""德""器""万物"皆有关联,有时能代表"道"或"道"的特征,这里引喻为浑朴的"道"的元气。散:分开、分布。器:器物,指万事万物。详见【考证辨真】。

〔十六〕声人:比圣人低一个层次,泛指践行"大道"的那些有着巨大影响力,甚至可以左右社会价值观的大教育家、大政治家等名人。今本等版本将"声人"改为"圣人",不妥。参见第四十六章(今本2章)对"圣人""声人"的考辨。杨树达《积微居小学金石论丛》:"官指地,非指人,凡云校官或云学官者,无不指学舍而言。"故"官长"即为各类辖地被分配的管理者。

〔十七〕制:这里指统治。割:割裂。

【意解译文】

深知雄强,却安守雌柔,如同处于天下溪涧的低浅之处。处溪涧之低,永恒的德行就不会离开。德行不离,就会回到婴儿般纯真厚朴的状态。深知洁白,却能守持于污浊,如同守住了天下山川溪河的"浴"之地。长守"浴"之地,永恒的德行就会充足。德行充足,就会重新回归"道"的拙朴之态。深知明达是非,却能守戒于暗昧昏聩,成为天下的示范。成为天下的示范,永恒的德行才不会缺失。德行不缺失,就会回到"道"启天地的混沌状态。浑朴的"道"的元气散播开来形成万事万物。声人利用"道"成就浑朴、混沌的法则去设官分制,于是天下得以治理而不会割裂。

【考证辨真】

"溪""浴""无极""婴儿"的关系考辨

通过"知其雄,守其雌,为天下溪""知其白,守其辱,为天下浴""知其白,守其黑,为天下式"等文句可以知道,"溪""浴""式"是层层递进的关系。这再一次证明了笔者在第二章(今本39章)中对"浴""谷"概念的界定,即"浴"的范畴比"谷"大得多,指的是包含山川溪河、陆地降雨在内的水循环体系。否则,老子没有道理将其与天、地、神、侯王并列,并将其认定为让乾坤万物、人间有序运行的五大核心因素与力量之一。

笔者在《道德经,古今有何不同》中曾重点谈到过往学界对本章文字的困惑:

> 一些学者提出的问题——"天下式"与"天下溪""天下谷(应为浴)"相比也显得很突兀,"复归于无极"与"朴""婴儿"也不是同一类事物,等等——也就不是问题了,即这些类别、迁移性引申等都是合情合理的了。这也正是本书要将"朴(应为榿)散则为器,圣人用则为官长,夫大制无割"翻译成"浑朴的混沌散播开来形成万物万器,圣人利用浑朴之道设官分制,于是天下大治而不会被割裂"的原因。①

笔者在《道德经,古今有何不同》中还提出:

---

① 王骥:《道德经,古今有何不同》,华文出版社,2023年1月第1版,第355页。

第七十二章　知雄守雌

所谓无极，就是《道德经》中提出的"道"的终极性概念。所以，文中紧跟在"无极"后面的"朴（应为椟）散则为器"的"器"字，也应该理解为"万物万器"。总不可能有人把宇宙之源、洪荒无限的"无极"简单地拿来制造出几个器皿吧？①

因此，只要明白此处应该是"浴"（并非今本等版本的"谷"），并理解了"浴""无极""椟"的真实含义，上述所谓"突兀"的问题就迎刃而解了。

另外有必要说明，"婴儿"在这里是用来类比一种纯真厚朴的状态，这种状态正是第五十九章（今本 15 章）中老子所描述的"为道"七大过程中的第五大境界，即"纯呵，其若椟"，这个境界已经到了"为道"的比较高级的阶段。

"雄雌""白辱""白黑"的层次与关系辨析

第三章（今本 41 章）有"大白如辱"的表述，"白"与"辱"是相对的。这里的"白"是洁白的意思，"辱"是污浊的意思。

污浊需要用水来洗涤，于是就有了"知其白，守其辱，为天下浴"。如上文所说，这再次印证了笔者在第二章（今本 39 章）对"浴"的内涵界定，即"浴"指的是包含山川溪河、陆地降雨在内的水循环体系。

今本等版本将"白"改为"荣"，似乎认为只有"荣"才能与"辱"相对应，却忽视了这里的"白"指的就是

---

① 王骥:《道德经,古今有何不同》,华文出版社,2023 年 1 月第 1 版,第 355 页。

"净",所以才有"浴"字出现。在今本等版本中,"浴"被改为"谷","恒"被改为"常",或许为了前后文意连贯,历代注家(含帛书注家)又把这句话移到本章的后面。再者,由于历代注家(含帛书注家)将"楃"与"道"混淆,而"楃"字又与后文"楃散则为器"的"楃"相关联,于是"无极"又被提到了前面。由此,可谓颠三倒四,错上加错。

在明白"白辱净污"之后,自然需要上升一个层次,即明辨"是非",明晓"明达与暗昧"。注意,这里的"是非"并非站在阶层、阶级或国家立场的"是非",而是在"白辱净污"回归到"婴儿"一样纯真厚朴的状态下得到的"是非",这才是真正顺应"道""德"的是非认知。到达这个境界后,"白""黑"就对应了起来。

于是,"雄雌"与"溪"、"白辱"与"浴"、"白黑"与"式"的层级逐步提升,也就是说:

深知雄强,却安守雌柔,如同处于天下溪涧的低浅之处。处溪涧之低,永恒的德行就不会离开。德行不离,就会回到婴儿般纯真厚朴的状态。深知洁白,却能守持于污浊,如同守住了天下山川溪河的"浴"之地。长守"浴"之地,永恒的德行就会充足。德行充足,就会重新回归"道"的拙朴之态。深知明达是非,却能守戒于暗昧昏聩,成为天下的示范。

"器"的含义辨析

《逸周书·宝典》:"物周为器。"物件只有完备了才能称为"器"。日常生活中,人们所用的器具都是通过精心设计

第七十二章 知雄守雌

加工而成的。所以有人说："器物之上，常见匠人之心，常怀生活高意。如此，凡器不凡，小器不小。"

《周易·系辞》："形而上者谓之道，形而下者谓之器。"所以才有"道生之而德畜之，物刑之而器成之"的说法。这就将万事万物都归纳到"器"的范畴了。《周易·系辞》："见乃谓之象，形乃谓之器。"天地万物在变化中，凡是我们看得见的就是象，而其形体就是器。

笔者在第十四章（今本51章）对"器"的含义进行了辨析，指出"器"之所以能扩展为世间万物，不仅在于不同的形态，而且在于各种各样的属性与功用。显然，形态是由属性与功用决定的，而功用最终还是由属性决定的。所以说，"器"将万事万物的属性与功用区分开来。

"楃""朴"及"楃散则为器"的内涵辨析

"楃散则为器"的"楃"，帛书甲本为"楃"，帛书乙本与今本等版本为"朴"。帛书甲本中的"楃"，帛书乙本与今本等版本均为"朴"。这里我们进行对比，先来谈"朴"字。

"朴"的本义是树皮，引申为未经加工的木材、质朴、砍伐等含义。《说文》："朴，木素也。"《论衡·量知》："无刀斧之断者谓之朴。"《楚辞·怀沙》："材朴委积兮，莫知余之所有。"《淮南子·精神训》："朴椷不斫。"《尚书·梓材》："既勤朴斫。"马融注："未成器也。"而"散"字是分开、分布的意思。故"朴散则为器"的意思是："将原始的木材砍伐整理分散开来，进而制成各种木器。"引申为："浑朴的混沌散播开来形成万事万物。"

接下来谈"楃"字。《说文》:"楃,木帐也。""楃"的本义是在野外搭建的供自我使用的木屋,展现出道家"身国同构"的重要理论。这套理论与儒家"身国同构""家国同构"(即修身、齐家、治国、平天下)的原理是一样的,但内涵不同。

对于"楃"来说,其中的"屋"即为"身国"。每个人的身体就是一个系统,犹如一个小宇宙,正所谓"一花一世界,一草一天国","身国"就是指人的身体犹如一个国家。另外,"屋"字从尸,从至。而"至"的甲骨文、金文均为"𫝀",会意为箭落到地面,可引申为达到极点,此时必有新的开始,必有新的事物萌发。因此,"至"或许又可会意为万物从"一"(指大地)开始如同草木一样萌发枝芽(可对比"𫝀")。于是,"至"有如为万物的躯体"尸"注入了灵魂,由此,"屋"就与道家的"身国同治"理论及下文将谈到的"一生万物"联系了起来。《抱朴子》:"夫爱其民所以安其国,养其气所以全其身。民散则国亡,气竭即身死。……至人消未起之患,治未病之疾,医之于无事之前,不追之于既逝之后。"

而"楃"字中的"木",可参考阴阳五行理论中的"木",代表东方与春天,在五常[①]中属"仁",在五元[②]中属"元性"。东方太阳初照,春天阳气升腾、阳光和煦,而"木"又取性于仁德,正所谓"阳光布德泽,万物生光辉"。

因此,"楃"即便是小到一个小屋、一个身体,甚至一个

[①] 仁、义、礼、智、信为儒家"五常",孔子提出"仁、义、礼",孟子延伸为"仁、义、礼、智",董仲舒扩充为"仁、义、礼、智、信",后称"五常"。

[②] 道家"五元"是指元性、元神、元气、元情、元精。

分子、一个原子,都可以"身国"为一个系统、一个空间、一个国家,乃至一个宇宙,其中的"仁德"之气孕化万事万物。老子说"椙唯小而天下弗敢臣",便是这个道理。

《孝经纬·钩命诀》:"天地未分之前,有太易,有太初,有太始,有太素,有太极,是为五运。形象未分,谓之太易;元气始萌,谓之太初;气形之端,谓之太始;形变有质,谓之太素;质形已具,谓之太极。五气渐变,谓之五运。"其中,"太易"及之前的阶段可对应"道"(当然,天地万物形成之后,依然反映出"道"的规律,即"道"从无到有,始终长存),而"太始、太素、太极"既相当于"德"又相当于"一",之后就有了"一生二,二生三,三生万物"。可参看第二章(今本39章)对"一"的考辨。

结合《老子》和上古先哲关于宇宙生成的众多论述,"道"从太初开始通过类似于"椙"的方式(即"身国同构")孕育出元气,再从太始开始确立"一"("质"的物与"气"的能量合一的混沌),又从太极开始一分为二:一方面,逐步分化形成"有质"的天地万物;另一方面,通过类似于"椙"的方式,将形成"元神、神识"的那一部分元气逐步向整个宇宙发散开来,按照"道"的规律与"德"的多少逐一匹配,分配到天地万物之中,从而让万物成为盛放阴阳之气的器皿。这样,万物就具备了精气神,也就是灵魂、灵性。这便是"椙散则为器"的内在含义。

由此归纳,"椙"字很特殊,它与"我""本我""自我""元气",乃至"道""德""器""万物"紧密关联,既是保护、约束"自我"的空间(小屋),又是"本我"孕育"自我"（即木屋的独立，人的独处与超脱凡尘）、返归自然（木制）的纽带，还是"道生之而德畜之"及衍生万物的桥梁（即"身国同构"）。

据此分析，帛书乙本与今本等版本的"朴"字虽然能够讲得通，但是与帛书甲本的"楃"字相比较，在内涵上差距很大，这体现出帛书《老子》甲本用字的考究与智慧。

当然，"楃"字这种"细微而宏大""朴拙而深邃"的概念还体现在第七十六章（今本32章）的"楃唯小而天下弗敢臣"，以及第八十一章（今本37章）的"闐之以无名之楃"，等等。其他章节帛书甲本缺失而帛书乙本为"朴"之处，帛书甲本都应该是"楃"，本书据此统一进行了校勘。

【对照版本】

傅奕本

知其雄，守其雌，为天下溪。为天下溪，常德不离，复归于婴儿。知其白，守其黑，为天下式。为天下式，常德不忒，复归于无极。知其荣，守其辱，为天下谷。为天下谷，常德乃足，复归于朴。朴散则为器，圣人用之则为官长，大制无割。

王弼本

知其雄，守其雌，为天下溪。为天下溪，常德不离，复归于婴儿。知其白，守其黑，为天下式。为天下式，常德不忒，复归于无极。知其荣，守其辱，为天下谷。为天下谷，常德乃足，复归于朴。朴散则为器，圣人用之则为官长，故

第七十二章　知雄守雌

大制不割。

河上公本

知其雄，守其雌，为天下溪。为天下溪，常德不离，复归于婴儿。知其白，守其黑，为天下式。为天下式，常德不忒，复归于无极。知其荣，守其辱，为天下谷。为天下谷，常德乃足，复归于朴。朴散则为器，圣人用之则为官长，故大制不割。

范应元本

知其雄，守其雌，为天下溪。为天下溪，常德不离，复归于婴儿。知其白，守其黑，为天下式。为天下式，常德不忒，复归于无极。知其荣，守其辱，为天下谷。为天下谷，常德乃足，复归于朴。朴散则为器，圣人用之则为官长，故大制无割。

第七十三章　天下神器

（今本 29 章）

【帛书复真本】

将欲取天下而为之，吾见其弗得已。夫天下，神器也，非可为者也。为者败之，执者失之。物或行或遳，或炅或吹，或强或䂮，或坏或撱。是以声人去甚、去大、去楮。

【帛书释文本】

将欲取天下而为之[一]，吾见其弗〔得已（已）〕[二]。夫天下，神〕器也，非可为者也[三]。为者败之，执者失之[四]。物或行或遳（随）[五]，或炅或〔吹[六]，或强或䂮〕[七]，或坏（坯）或撱[八]。是以声人去甚、去大、去楮[九]。

【帛书出土图版原文】

甲本

将欲取天下而为之，吾见其弗□□□□□□器也，非可为者也。为者败之，执者失之。物或行或遳，或炅或□□□□□，或坏或撱⌞。是以声人去甚、去大、去楮。

第七十三章　天下神器

乙本

将欲取□□□□□□□□得已。夫天下，神器也，非可为者也。为之者败之，执之者失之。○物或行或隋，或热或硰，或陪或墮。是以卯人去甚、去大、去诸。

【校勘注释】

〔一〕取：取得、持有。为：这里指强力作为。

〔二〕弗得已：达不到、得不到。

〔三〕"夫天下，神器也，非可为者也"句，被今本等版本改为"天下神器，不可为也"。前者的意思是"天下遵'道'而行且自有规律，是神圣的，不是人可以强力作为或执掌的"，后者的意思是"天下这个神圣的东西，不可得到或作为"。"神器"有两层含义：一是指遵循"大道"而自有运行规律的恢宏之器；二是指神圣的力量和权力。

〔四〕执：掌握、把持。

〔五〕物：事物。遴："随"的异体字。《说文》："随，从也。"段玉裁注："行可委曲从迹，谓之委随。"

〔六〕"或炅或吹"句，帛书甲本缺失"吹"字，帛书乙本为"或热或硰"，应该是誊写者遗漏了四个字，即"或热□□，□□或硰"。此处几乎所有传世版本均为"吹"，故取用。而"炅"字，传世诸本所用文字有"嘘""歔""煦""呴"等，差异较大。

炅（jiǒng）：光、热。《说文》："炅，见也。从火、日。"《广韵》："炅，光也。"或炅或吹：有的日照如火，有的风吹则凉。也就是说，日照风吹让万物温度发生了相反的变化。

帛书注家大多按照今本等版本校勘为"或歔或吹""或噤或吹"等,意思大变,不妥,这里尊重帛书原貌。

〔七〕强:强壮、刚直。"硋"字,传世诸本所用文字有"羸""剉"等,莫衷一是。硋:碎石,引申为脆弱、细碎。《广韵》:"硋,碎石。"帛书注家大多按照今本等版本将"硋"校勘为"羸",意思大变,且不符合帛书原貌,不妥。或强或硋:有的强健刚直,有的脆弱细碎。

〔八〕坯(pī):尚未烧制的砖、瓦、陶瓷等半成品,后作"坯"。《说文》:"坏,丘一成者也。一曰瓦未烧。"撴(wěi):抛弃、丢弃。或坯或撴:有的选用焙烧,有的弃用丢掉。帛书注家大多按照今本等版本校勘为"或挫或隳"等,意思大变,且不符合帛书原貌,不妥。

〔九〕声人:比圣人低一个层次,泛指践行"大道"的那些有着巨大影响力,甚至可以左右社会价值观的大教育家、大政治家等名人。今本等版本将"声人"改为"圣人",不妥。参见第四十六章(今本2章)对"圣人""声人"的考辨。

甚:表示程度深。楮:木名,即"构"。《说文》:"楮,榖也。"《诗经·鹤鸣》:"爰有树檀,其下维榖。"《毛传》:"榖,恶木也。"《尔雅翼》:"叶无瓣曰构。"古人或把楮木与构木混淆,将其视为恶木,这种树木繁衍成灾,成片快速生长,且难以清除。去楮:消除如同楮木一样的泛滥作为。这里体现了老子的"无为"思想。

第七十三章 天下神器

【意解译文】

想要强力作为而持有天下，我看是做不到的。天下神圣，遵"道"而行且自有规律，不是谁都可以左右的。强行作为就会失败，强力把持就会丢失。事物自有运行规律：有的前行，有的后随；有的日照如火，有的风吹则凉；有的强健刚直，有的脆弱细碎；有的被选用焙烧，有的则被弃用丢掉。因此，声人要顺其自然、不过分贪求、不好大喜功、不泛滥而为。

【考证辨真】

"吹""炊"及相关文句辨析

以下考辨，将为本章相关文句提供另外一种解读思路。

帛书甲本的文字"或行或遹，或炅或□，□□□□，或坏或撄"，根据帛书乙本"或行或隋，或热或碰，或陪或撱"，可以校勘为"或行或遹，或炅或□，或□或碰，或坏或撄"。这样，只剩下两个字暂时不能确认。

而这两个字，傅奕本、王弼本（今本）等几乎所有传世版本均为"吹"和"强"。于是，上述文字可校勘为"或行或遹，或炅或吹，或强或碰，或坏或撄"。如此校勘是否合理？我们从文意契合的角度进行考辨。

其中，"或行或遹（随）""或强或碰""或坏（坏）或撄"的意思分别是："有的前行，有的后随""有的强健刚直，有的脆弱细碎""有的选用焙烧，有的弃用丢掉"。如此，上下文意契合度非常高，唯有"或炅或吹"的文意待考。

那么，"或炅或吹"的"吹"字是否有问题？如果将该字校勘为"炊"，即第六十六章（今本24章）"炊者不立"的

"炊"，"或炅或炊"的意思就是"有主动发光发热的就有被动制造光热的"，即"有的散发光热，有的制造光热"，这样就与上述三句文意相契合了。

这种解读思路，仅供读者参考。

【对照版本】

傅奕本

将欲取天下而为之者，吾见其不得已。夫天下神器，不可为也。为者败之，执者失之。凡物或行或随，或嘘或吹，或强或剉，或培或堕。是以圣人去甚、去奢、去泰。

王弼本

将欲取天下而为之，吾见其不得已。天下神器，不可为也。为者败之，执者失之。故物或行或随，或歔或吹，或强或羸，或挫或隳。是以圣人去甚、去奢、去泰。

河上公本

将欲取天下而为之，吾见其不得已。天下神器，不可为也。为者败之，执者失之。故物或行或随，或呴或吹，或强或羸，或载或隳。是以圣人去甚、去奢、去泰。

范应元本

将欲取天下而为之者，吾见其不得已。夫天下神器，不可为也。为者败之，执者失之。故物或行或随，或嘘或吹，或强或剉，或培或堕。是以圣人去甚、去奢、去泰。

第七十四章　道佐人主

（今本 30 章）

【帛书复真本】

以道佐人主，不以兵强于天下，其事好还。师之所居，楚朸生之。善者果而已矣，毋以取强焉。果而毋骄，果而勿矜，果而勿伐，果而毋得。已居，是胃果而不强。物壮而老，是胃之不道，不道蚤已。

【帛书释文本】

以道佐人主[一]，不以兵强〔于〕天下，〔其事好还[二]。师之〕所居[三]，楚朸（棘）生之[四]。善者果而巳（已）矣[五]，毋以取强焉[六]。果而毋騳（骄）[七]，果而勿矝（矜），果而〔勿伐〕[八]，果而毋得。巳（已）居，是胃（谓）〔果〕而不强[九]。物壮而老[十]，是胃（谓）之不道[十一]，不道蚤（早）巳（已）[十二]。

【帛书出土图版原文】

甲本

以道佐人主，不以兵强□天下，□□□□□所居，楚朸生之。善者果而巳矣，毋以取强焉。果而毋騳㇄，果而勿矜⌞，果而□□，果而毋得。已居，是胃□而不强。物壮而老，是胃之不=道=（不道，不道）蚤已。

乙本

以道佐人主，不以兵强于天下，亓□□□□□□□棘生之。善者果而巳矣，毋以取强焉。果而毋骄，果而勿矜，果□□伐，果而毋得。已居，是胃果而强。物壮而老，胃之不=道=（不道，不道）蚤已⌞。

【校勘注释】

〔一〕人主：君主、君王。

〔二〕好：甚、很。还：这里指报应。好还：很快就会遭到报应。

〔三〕师：军队。师之所居：军队驻扎的地方，指战争爆发的区域。

〔四〕楚：牧荆属植物。朸（lì）：假借为"棘"。《诗经·斯干》："如矢斯棘。"陆德明释文："棘，《韩诗》作朸。"今本等版本在"荆棘生焉"（帛书甲本为"楚棘生之"）后添加"大军之后，必有凶年"，强调兵祸，针对一切用兵，而老子并不完全反对用兵。

〔五〕果：指达到目的。而已：罢了。

〔六〕取强：逞强。

〔七〕骄："骄"的异体字，骄傲、自满。"毋"被今本等版本改为"勿"后，意境发生变化，"勿"的态度不如"毋"坚定。

〔八〕伐：夸耀。

〔九〕"果而毋得。已居，是谓果而不强"句，被今本等版本改为"果而不得已，果而勿强"，意思大变。"毋"表示坚决的"不"，"毋得"即"不得强取"的意思。已：停止。居：驻扎。已居：停止驻扎，指停止战争或停止进攻。不强：不逞强。详见【考证辨真】。

〔十〕壮：强壮。

〔十一〕不道：不合乎"道"。

〔十二〕蚤：假借为"早"。已：完结，指灭亡。

【意解译文】

用"道"来辅佐君王，不以兵力逞强于天下，穷兵黩武很快就会遭到报应。战争爆发的地方，荆棘横生。善于用兵的人仅为达到目而已，是不会逞强好斗的。胜利而不骄傲，胜利而不自高自大，胜利而不自我夸耀，胜利而不强取多余战果。及时止战，这就叫作用兵而不逞强。事物强盛了就会走向衰败，这就叫作背"道"而为，不按照"道"的原则行事必然加速灭亡。

【考证辨真】

"果而毋得已居"的断句及含义辨析

"果而毋得已居"句，帛书甲乙本均如此，今本等版本改为"果而不得已"。该句有三种理解：

其一，将"居"理解为语气助词。《诗经·柏舟》："日居月诸，胡迭而微？"同时，将"毋"等同于"不"，"毋得已"就变成了"不得已"。然而,"毋"不能等同于"不","毋"表示坚决的"不"。结合上下文来看,这种解读明显有问题。

其二,将"已居"理解为已经取得的战果。其中可能包含严重失去底线的战果,那么这部分战果就不能要了,这样才能与后文"是谓果而不强"相匹配。由此,"果而毋得已居"的意思就是:"胜利后不要强取多余的失去底线的战果。"

其三,断句为"果而毋得。已居"。其中,"果而毋得"的意思是:"胜利后不要强取多余的战果。"而"已"是停止的意思,"居"则与前文"师之所居"的"居"字呼应,"已居"即可解读为"停止驻扎",引申为停止战争或停止进攻。

笔者认为,上述第二、第三种理解都比较合理,相对而言,第三种理解更加准确:一是,与前文构成四个并列句,即"果而毋骄,果而勿矜,果而勿伐,果而毋得";二是,与前后文意契合,特别是与后文"是谓果而不强"相匹配。于是,"果而毋得。已居,是谓果而不强"的意思就是:"胜利而不强取多余战果。及时止战,这就叫作用兵而不逞强。"这很可能就是老子的本意。

【对照版本】

傅奕本

以道佐人主者,不以兵强天下,其事好还。师之所处,荆棘生焉。大军之后,必有凶年。故善者果而已矣,不敢以取强焉。果而勿矜,果而勿伐,果而勿骄,果而不得已,是果而勿强。物壮则老,是谓非道,非道早已。

王弼本

以道佐人主者,不以兵强天下,其事好还。师之所处,荆棘生焉。大军之后,必有凶年。善有果而已,不敢以取强。果而勿矜,果而勿伐,果而勿骄,果而不得已,果而勿强。物壮则老,是谓不道,不道早已。

河上公本

以道佐人主者,不以兵强天下,其事好还。师之所处,荆棘生焉。大军之后,必有凶年。善者果而已,不敢以取强。果而勿矜,果而勿伐,果而勿骄,果而不得已,果而勿强。物壮则老,是谓不道,不道早已。

范应元本

以道佐人主者,不以兵强天下,其事好还。师之所处,荆棘生焉。大军之后,必有凶年。故善者果而已,不敢以取强。果而勿矜,果而勿伐,果而勿骄,果而不得已,是谓果而勿强。物壮则老,是谓不道,不道早已。

第七十五章　兵者不祥

（今本 31 章）

【帛书复真本】

　　夫兵者，不祥之器也。物或恶之，故有欲者弗居。君子居则贵左，用兵则贵右，故兵者非君子之器也。兵者不祥之器也，不得巳而用之，铦袭为上，勿美也！若美之，是乐杀人也。夫乐杀人，不可以得志于天下矣。是以吉事上左，丧事上右；是以便将军居左，上将军居右。言以丧礼居之也。杀人众，以悲依立之；战胜，以丧礼处之。

【帛书释文本】

　　夫兵者[一]，不祥之器〔也〕[二]。物或恶之[三]，故有欲者弗居[四]。君子居则贵左[五]，用兵则贵右[六]，故兵者非君子之器也。〔兵者〕不祥之器也，不得巳（已）而用之，铦庞〈袭〉为上[七]，勿美也[八]！若美之[九]，是乐杀人也[十]。夫乐杀人，不可以得志于天下矣。是以吉事上左[十一]，丧事上右；是以便（偏）将军居左[十二]，上将军居右。言以丧礼居之也[十三]。杀人众，以悲依立（位）之[十四]；战胜，以丧礼处之。

| 第七十五章　兵者不祥 |

【帛书出土图版原文】

甲本

夫兵者，不祥之器□。物或恶之⌐，故有欲者弗居。君子居则贵左，用兵则贵右⌐，故兵者非君子之器也。□□不祥之器也，不得巳而用之，铦庞为上，勿美也！若美之，是乐杀人也。夫乐杀人⌐，不可以得志于天下矣⌐。是以吉事上左⌐，丧事上右⌐；是以便将军居左，上将军居右。言以丧礼居之也。杀人众，以悲依立之；战胜，以丧礼处之。

乙本

夫兵者，不祥之器也。物或亚□□□□□□□子居则贵左，用兵则贵右，故兵者非君子之器。兵者不祥□器也，不得巳而用之，铦憺为上，勿美也！若美之，是乐杀人也。夫乐杀人，不可以得志于天下矣。是以吉事□□□□□□；是以偏将军居左，而上将军居右。言以丧礼居之也。杀□□□□立□□朕而以丧礼处之。

【校勘注释】

〔一〕夫：句首语气助词。兵：这里指用兵打仗。很多注家将"兵"释义为"兵器"，明显与后文不契合，不妥。者：句末语气助词。

〔二〕祥：善、好。《墨子·天志》："且夫天下盖有不仁不祥者。"器：手段。《左传·闵公元年》："亲有礼，因重固，间携贰，覆昏乱，霸王之器也。"杜预注："霸王所用，故以器为喻。"不祥之器也：不善的手段。

〔三〕物：指人、众人。《左传·昭公十一年》："晋荀吴谓韩宣子曰：'不能救陈，又不能救蔡，物以无亲。'"杨伯峻注引顾炎武曰："物，人也。"或：语气助词。《诗经·天保》："如松柏之茂，无不尔或承。"王引之《经传释词》："言无不尔承也。或，语助耳。"物或恶之：谁都讨厌它。

〔四〕有欲：指对自己期望高，即有抱负、有志向。居：自居。有欲者弗居：有志向的人不会轻易以"用兵"的武力自居。

〔五〕居：平日、平常。《论语·先进》："居则曰：'不吾知也。'如或知尔，则何以哉？"贵左：尚左是春秋时代的礼制与习俗，而战事、凶事、丧事等尚右。详见【考证辨真】。

〔六〕贵右：用兵属于不善、不吉利的事，故尚右。《左传·襄公十年》："天子所右，寡君亦右之，所左，亦左之。"孔颖达疏："人有左右，右便而左不便，故以所助者为右，不助者为左。"

〔七〕铦（xiān）：锋利、利器，引申为精锐。贾谊《过秦论》："锄櫌棘矜，非铦于钩戟长铩也。"《韩非子·五蠹》："铁铦短者及乎敌。"铦袭：精锐部队突然袭击。帛书注家大多按照今本等版本将"铦袭"校勘为"恬淡"，可谓离题万里。

〔八〕"勿"比"不"更加坚决。美：赞美。

〔九〕之：指代前文的用兵打仗。

〔十〕乐：以……为乐。

〔十一〕上：以……为上，崇尚、倡导。《史记·秦始皇本纪》："上农除末，黔首是富。"

〔十二〕便：假借为"偏"。居：处在、处于。《周易·乾卦》："是故居上位而不骄，在下位而不忧。"

〔十三〕言：解释引文、词语或某种现象的发端词，相当于"就是说"或"意思是"。居：处理、治理。《逸周书·作雒》："士居国家，得以诸公大夫。"

〔十四〕依：按照。"立"与"位"的甲骨文、金文相同，是同源字，这里指设立牌位祭祀或祭拜。"以悲依位之"即以悲悯之心按照死者的职位设立牌位祭祀或祭拜，可译为"要以哀痛的心情来悼念死者"。帛书注家大多按照今本等版本将"以悲依位之"校勘为"以哀悲泣之"，不妥。一些帛书研究者将"依""立"校勘为"哀""莅"，不妥。详见【考证辨真】。

【意解译文】

用兵打仗，是不善的手段。谁都讨厌它，所以有志向的人不会轻易以武力自居。君子平时以左为贵，用兵时以右为贵，所以用兵打仗不是君子谋事的手段。用兵打仗是不善之举，只有迫不得已的时候才使用它，最好以精锐之师展开突袭，但不值得赞美！如果赞美打仗，就是以杀人为乐了。以杀人为乐者，不可能得志于天下。所以吉事以左为上，丧事以右为上；偏将军居于左，上将军居于右。这就是说要以丧礼来对待用兵打仗。战争中杀人众多，要以哀痛的心情来悼念死者；打了胜仗，要以丧礼去对待胜利。

【考证辨真】

尚左与尚右的礼制简析

在古代，尚左（上左、尊左）或尚右（上右、尊右）与不同朝代的礼制与习俗有关。

据《五行大义·论律吕》记载："周以天统，服色尚赤者，阳道尚左，故天左旋。周以木德王，火是其子，火色赤左行，用其赤色也。殷以地统，服色尚白者，阴道尚右，其行右转。殷以水德王。金是其母，金色白，故右行，用其白色。"这里提到了殷人尚右、周人尚左的礼制与习俗。这里主要谈谈周朝。

西周伊始，礼制与习俗是以左为尊（尚左），然而战时尚右，或者说和平年代尚左，战争年代尚右。除此之外，还需考虑"阴阳"，左为"阳"，右为"阴"；吉（包括善事、喜事）为"阳"，尚左，凶（包括战事、丧事、恶事）为"阴"，尚右；男子为"阳"，尚左，女子为"阴"，尚右，凶礼则反之。

吴仁杰《两汉刊误补遗》对西周到战国的礼制与习俗进行了辨析："礼……乘车与兵车不同，乘车则贵左，兵车则贵右。乘车君在左，御者在中央。""凶事尚右……兵者凶器尚右，盖以凶礼处之。""古者居则贵左，用兵则贵右，贵右似战国时俗也。"意思是说，当时的习俗是以左为贵。《礼记》记载，日常乘车和战时兵车不同，日常乘车以左为贵，战时兵车则以右为贵。日常乘车时，有身份的人在左，而驾车的人在中央；战事属于凶事，故以凶礼尚右对待，战国时代战争不断，人们就以尚右为习俗。

《礼记·内则》："凡男拜尚左手。""凡女拜尚右手。"《礼记·檀弓》："孔子与门人立，拱而尚右，二三子亦皆尚右，孔子曰：'二三子之嗜学也，我则有姊之丧故也。'二三子皆尚左。"郑玄注："丧尚右，右，阴也；吉尚左，左，阳也。"可见那个时代男左女右、左阳右阴，以及吉事尚左、丧事尚右的礼制与习俗。

从西周末期开始，战事频仍，特别是战国时代，礼制与习俗开始变化，军队、社会中层和底层逐渐转变为以右为上、为尊，即尚右；而上层社会大多保持以左为上、为尊，即尚左。

《两汉刊误补遗》："战国以来，无日不寻干戈，天下之人习见兵车之礼而已，故其俗贵右。"《史记·魏公子列传》："坐定，公子从车骑，虚左，自迎夷门侯生。"意思是说，魏国公子无忌在驾车迎接侯生时，专门让出左位，以示对侯生的尊重。

由此，"君子居则贵左，用兵则贵右……是以吉事上左，丧事上右；是以偏将军居左，上将军居右"就不难理解了。另有说法认为，老子是楚国苦县人，楚国尚右，而君子谦卑守下，故尚左。然而这一说法讲不通，因为君子即使谦卑守下，终归要趋吉避凶。

关于历代左右尊卑的差异，笔者将在《楚简道德经甄辨》（老子新考系列二）中进行深入考辨。

"立""位""莅"的本义辨析

如图75-1所示，在殷商甲骨文和西周金文中，"立"和"位"没有区分，上部是一个人正面站立的形态，其脚下是一条横线，表示人站立的位置。后另加义符"人"，分化出"位"字。

商甲骨文　　　西周金文　　　战国金文"立"　　战国金文"位"

图75-1　"立"和"位"的字形演变

上古时代，君臣在朝廷上要站在应处的位置，"位"的本义就是古代宫殿中庭左右两侧群臣排班所处的位置、序列、职守。古代按照身份地位来确定站位，这不仅仅局限于朝堂，而是涵盖了一切重要场合，包括祭祀、典礼、朝会等。特别是在西周时代，高层贵族通过国家手段还专门制定了具体、翔实的礼仪条文，以规范人们的行为并推行礼制。

古人对死者的安葬、祭祀自然也有礼制规矩，"位"是周朝葬祀文化中的重要概念，即"置位祭祀"，类似于现代为过世者设立牌位并举行葬礼，并在特定时间点举行祭拜活动。

所以，"依位之"的意思就是"按照死者的职位设立牌位祭祀或祭拜"。当然，由于战争中被杀死的人众多，这里也可理解为进行集体安葬和祭拜活动。

【对照版本】

傅奕本

夫美兵者，不祥之器。物或恶之，故有道者不处。是以君子居则贵左，用兵则贵右。兵者不祥之器，非君子之器，不得已而用之,以恬憺为上,故不美也。若美,必乐之。乐之者,是乐杀人也。夫乐人杀人者,不可以得志于天下矣。故吉事尚左,凶事尚右;是以偏将军处左,上将军处右。言居上势,则以丧礼处之。杀人众多,则以悲哀泣之;战胜者,则以丧礼处之。

王弼本

夫佳兵者,不祥之器。物或恶之,故有道者不处。君子居则贵左,用兵则贵右。兵者不祥之器,非君子之器,不得已而用之,恬淡为上,胜而不美。而美之者,是乐杀人。夫乐杀人者,则不可以得志于天下矣。吉事尚左,凶事尚右;偏将军居左,上将军居右。言以丧礼处之。杀人之众,以哀悲泣之;战胜,以丧礼处之。

河上公本

夫佳兵,不祥之器。物或恶之,故有道者不处。君子居则贵左,用兵则贵右。兵者不祥之器,非君子之器,不得已而用之,恬惔为上,胜而不美。而美之者,是乐杀人。夫乐杀人者,则不可以得志于天下矣。吉事尚左,凶事尚右;偏将军居左,上将军居右。言以丧礼处之。杀人之众,以悲哀泣之;战胜,以丧礼处之。

范应元本

夫佳兵者,不祥之器。物或恶之,故有道者不处。是以君子居则贵左,用兵则贵右。兵者不祥之器,非君子之器,不得已而用之，恬淡为上，故不美也。若美之，必乐之。乐之者，是乐杀人也。夫乐杀人者，不可以得志于天下矣。故吉事尚左，凶事尚右；是以偏将军处左，上将军处右。言居上势，则以丧礼处之。杀人众多，则以悲哀泣之；战胜者，则以丧礼处之。

第七十六章　楃小弗臣

（今本 32 章）

【帛书复真本】

道恒无名,楃唯小而天下弗敢臣,侯王若能守之,万物将自宾。天地相谷,以俞甘洛,民莫之令而自均焉。始制有名。名亦既有,夫亦将知止,知止所以不殆。俾道之在天下也,猷小浴之与江海也。

【帛书释文本】

道恒无名[一],楃唯〔小而天下弗敢臣[二],侯〕王若能守之,万物将自宾[三]。天地相谷（合）[四],以俞甘洛[五],民莫之〔令而自〕均焉。始制有〔名[六]。名亦既〕有,夫〔亦将知止,知止〕所以不〔殆〕[七]。俾道之在天〔下也[八],猷小〕浴之与江海也[九]。

【帛书出土图版原文】

甲本

道恒无名⌐,楃唯□□□□□□□王若能守之,万物将自宾⌐。天地相谷,以俞甘洛⌐,民莫之□□□□焉。始制有□□□□有,夫□□□□□□所以不□。俾道之在

□□□□□浴之与江海也⌐」。

乙本

道恒无名，朴唯小而天下弗敢臣，侯王若能守之，万物将自宾。天地相合，以俞甘洛，□□□令而自均焉。始制有名＝（名。名）亦既有，夫亦将知＝止＝（知止，知止）所以不殆。卑□□在天下也，猷小浴之与江海也。

【校勘注释】

〔一〕无名：无法被描述，无名分。"楃"的本义是在野外搭建的供自我使用的木屋。在老子的思想里，"楃"与"本我""自我""元气"，乃至"道""德""器""万物"皆有关联，这里指拙朴、浑朴，代表"道"或"道"的特征。今本等版本将"楃"改为"朴"，不妥。参见第七十二章（今本28章）对"楃""朴"的考辨。

〔二〕"唯"字，帛书甲乙本均为"唯"，今本等版本为"虽"。唯：虽然、纵使。《荀子·性恶》："今以仁义法正为固无可知可能之理邪？然则唯禹不知仁义法正，不能仁义法正也。"小：形容"道"隐蔽不可见的特点。楚简为"仆唯妻，天地弗敢臣"，具有颠覆性，笔者将在《楚简道德经甄辨》（老子新考系列二）中进行深入探讨。

〔三〕物：这里指侯王以外的人与物。《荀子·劝学》："君子生非异也，善假于物也。"宾：服从、归顺。

〔四〕合："合"的繁文。

〔五〕"以俞甘洛"句，帛书甲乙本均如此，应该不会同

第七十六章　楃小弗臣

时抄错。楚简为"以逾甘露",今本等版本为"以降甘露"。俞:应允。"俞"字在这里比"降"字更恰当、更准确。甘洛:甘水和洛水的合称,指两大水系润泽四方土地,引申为滋养、润泽天下。详见【考证辨真】。

〔六〕名:名分、名号,这里指邦国内的阶层划分、机构设置、官职等级、俸禄规格,乃至各类事务治理规范,周代礼制是其中一部分内容。

〔七〕不殆:没有危险。

〔八〕俾:顺从,这里指处于从属地位的万物。《尔雅·释诂》:"俾,从也。"帛书注家大多按照今本等版本将"俾"校勘为"譬",意思大变,境界大降。俾道之在天下:万物与"道"共存于天下。详见【考证辨真】。

〔九〕猷:若、同。《尔雅·释言》:"猷,若也。"郭璞注:"《诗》曰:'寔命不猷。'""浴"指的是包含山川溪河、陆地降雨在内的水循环体系,范畴比"谷"大得多,参见第二章(今本39章)对"浴""谷"的考辨。"小浴"有两种理解:一是指山川溪河(即"浴")与大江大海相比较,前者就显得小了,故称"小浴";二是指小的山川溪河。

【意解译文】

"道"没法被描述,永远没有名分,浑朴的"道"隐蔽但天下都不敢以它为臣。侯王如果遵守"道"的无名与质朴,民众将自然归顺。天地阴阳交合,以此孕育河流滋养四方,民众没有要求而自然获得同等恩惠。治理天下开始于建立制度并确立名分,既然有了制度和名分就要有所制约,适可而止，知道制约、适可而止就没有什么危险了。万物与"道"共存于天下，它们之间的关系如同山川溪河的"小"归流、宾服于大江大海的"大"一样。

【考证辨真】

"以俞甘洛"与"以降甘露"辨真

"以俞甘洛"句，帛书甲乙本均如此，应该不会同时抄错。楚简为"以逾甘雺"，今本等版本为"以降甘露"。

《水经注》："甘水出南山甘谷。"《山海经·中山经》："鹿蹄之山，其上多玉，其下多金。甘水出焉，而北流注于洛。"《说文》："洛水，出左冯翊归德北夷界中，东南入渭。"由此或可推断，"甘洛"指甘水和洛水两大水系，在这里意为水系滋养、润泽四方土地。

今本等版本将"俞"改为"降"，意思大变。俞：应允。《文选·羽猎赋》："上犹谦让而未俞也。"李善注引张晏曰："俞，然也。"柳宗元《全义县复北门记》："余其复之，询于群吏，吏叶厥谋；上于大府，大府以俞。"

"以俞甘洛"的意思是："以此孕育河流滋养四方。"而"以降甘露"的意思则是："以此降下甜美的雨露。"显然，"以俞甘洛"的表意更为恰当、准确，更加富有意境，留给读者的想象空间更加广阔。

"俾道"与"譬道"辨真

"俾道之在天下也，猷小浴之与江海也"的"俾"，被今本等版本改为"譬"，文意与境界大变。

"俾"指处于从属地位的万物，包括邦国。《说文》："俾，益也。一曰俾，门侍人。"《尔雅·释诂》："俾，从也。"

前文已多次谈到，"浴"指的是包含山川溪河、陆地降雨在内的水循环体系，参见第二章（今本 39 章）对"浴""谷"的考辨。"小浴"在这里的意思就是，山川溪河（即"浴"）相比于浩瀚的大江大海，属于"小浴"。

"俾道之在天下也，猷小浴之与江海也"的意思是，万物与道的关系就如同"小浴"与"江海"的关系一样。万物如同山川溪河，而道的浩瀚如同大江大海。用"浴"洗涤万物之身心，这是"小浴"，即"修除玄蓝"；而一旦万物归海，大道之江海广袤浩瀚，万物不浴已浴，何浴之有？

今本等版本将其改为"譬道之在天下，犹川谷之于江海"，内涵与境界大降。

【对照版本】

傅奕本

道常无名，朴虽小，天下莫能臣。王侯若能守，万物将自宾。天地相合，以降甘露，民莫之令而自均焉。始制有名。名亦既有，夫亦将知止，知止所以不殆。譬道之在天下，犹川谷之与江海也。

王弼本

道常无名，朴虽小，天下莫能臣也。侯王若能守之，万物将自宾。天地相合，以降甘露，民莫之令而自均。始制有名。名亦既有，夫亦将知止，知止可以不殆。譬道之在天下，犹川谷之于江海。

河上公本
道常无名，朴虽小，天下不敢臣。侯王若能守之，万物将自宾。天地相合，以降甘露，民莫之令而自均。始制有名。名亦既有，天亦将知之，知之所以不殆。譬道之在天下，犹川谷之与江海。

范应元本
道常无名，朴虽小，天下莫能臣。王侯若能守之，万物将自宾。天地相合，以降甘露，人莫之令而自均。始制有名。名亦既有，夫亦将知止，知止所以不殆。譬道之在天下，犹川谷之与江海也。

第七十七章　知人知也

（今本33章）

【帛书复真本】

知人者，知也。自知者，明也。胜人者，有力也。自胜者，强也。知足者，富也。强行者，有志也。不失其所者，久也。死而不忘者，寿也。

【帛书释文本】

知人者，知（智）也〔一〕。自知〔者，明（明）也〕〔二〕。胜人〕者，有力也。自胜者，〔强也〕〔三〕。知足者，富〕也。强行者〔四〕，有志也。不失其所者〔五〕，久也。死〔而〕不忘者〔六〕，寿也。

【帛书出土图版原文】

甲本

知人者，知也。自知□□□□□者，有力也。自胜者，□□□□□□也┐。强行者，有志也。不失其所者，久也。死不忘者，寿也。

乙本

知人者，知也。自知，明也。朕人者，有力也。自朕者，强也。知足者，富也。强行者，有志也。不失元所者，久也。死而不忘者，寿也。

【校勘注释】

〔一〕"知"与"智"同源，参见第二十八章（今本65章）对"知""智"的考辨。"知人者"的"知"意为认知、识别；"知（智）也"的"知"同"智"，意为聪明、智慧。

〔二〕明：明智、高明，指既聪明又能明辨是非。《礼记·乐记》："作者之谓圣，述者之谓明。"孔颖达疏："明者，辨说是非也。"

〔三〕强：刚强、强大。《玉篇》："强，坚也。"《广韵》："强，健也。"

〔四〕强行：这里指身体力行、持之以恒。

〔五〕所：处所、地方，引申为道理、方法，这里指"心"之所在，即立身处世的根本。

〔六〕忘：忘记。"死而不忘"还有身虽死而"道"犹存的内涵。

【意解译文】

能知晓他人的人叫作智慧，能明晓自身优劣的人叫作高明。能战胜他人的人叫作有力量，能克制自身弱点的人才算强大。知道满足的人叫作富有，身体力行、持之以恒的人叫作有志向。不失自身根本的人能够长久，死后不被遗忘的人才算真正的长寿。

【考证辨真】
"知人""自知"与"胜人""自胜"的关系

关于"知人",《文子·微明》中有一段描述:"仁莫大于爱人,智莫大于知人,爱人即无怨刑,知人即无乱政。"意思是说,仁爱莫过于爱人,智慧莫过于知人,爱人就不会有怨恨刑罚者,知人就不会有扰乱政事者。

《文子》将"知人"与"仁爱"并列来谈,认为这是最高智慧,同时将其上升到国家治理的高度,由此提出了治国之道的两大原则:一是爱人,爱人则无怨刑;二是知人,知人则无乱政。由此可见,"知人"可谓大智慧。

关于"自知",《吕氏春秋·自知》中有一段描述:"欲知平直,则必准绳;欲知方圆,则必规矩;人主欲自知,则必直士。故天子立辅弼,设师保,所以举过也。夫人固不能自知,人主犹甚。存亡安危,勿求于外,务在自知。"意思是说,要想知道平直与否,就必须借助水平墨线;要想知道方圆与否,就必须借助圆规矩尺;君王要想知道自己正确与否,就必须任用直言正谏之人。所以君王设立辅弼之臣,设立太师、太保,目的是让他们指出自己的过失。人们本就难以做到自知,君王更是难以做到。国家的存亡安危,不必寻找外部理由,要务在于自知。

与《文子》所述"知人"相比,《吕氏春秋》同样将"自知"上升到国家高度来论述;而与"知人"不同的是,"自知"涉及国家的生死存亡,重要性可谓更胜一筹。想做到"自知"非常难,所以天子才设立太师、太保等辅弼之臣。做到"自知"不仅需要智慧,还要有一颗强大、包容之心,比做到"知人"更加高明。

关于"胜人"与"自胜"的关系,《吕氏春秋·先己》中有一段描述:"欲胜人者,必先自胜;欲论人者,必先自论;欲知人者,必先自知。"意思是说,想战胜对手,一定要先战胜自己;想评价别人,一定要先评价自己;想了解别人,一定先要了解自己。所以说,"胜人"先要"自胜",而"自胜"的前提自然是"自知"。

《孟子·告子下》:"舜发于畎亩之中,傅说举于版筑之间,胶鬲举于鱼盐之中,管夷吾举于士,孙叔敖举于海,百里奚举于市。故天将降大任于是人也,必先苦其心志,劳其筋骨,饿其体肤,空乏其身,行拂乱其所为,所以动心忍性,增益其所不能。"意思是说,舜从田间耕作中被起用,傅说从筑墙劳作中被起用,胶鬲从鱼盐买卖中被起用,管仲从牢狱中被起用,孙叔敖从海边被起用,百里奚从奴隶中被起用。所以,上天要将重任降到某人身上,一定会先使他的意志经受磨砺,筋骨经受劳累,身体饥饿消瘦,感到困苦疲乏,做事遭受困扰,这样可使他的意志更加坚定、性格更加坚韧,增加他所不具备的能力。

换个角度理解,舜、傅说、胶鬲、管仲、孙叔敖、百里奚等大才,首先做到了"自知其所不能",然后"自胜以增益其所不能",从而抓住机会,脱颖而出(即胜人)。这就是他们成为历史上的佼佼者的重要原因。

【对照版本】

傅奕本

知人者,智也。自知者,明也。胜人者,有力也。自胜者,强也。知足者,富也。强行者,有志也。不失其所者,久也。死而不亡者,寿也。

王弼本

知人者智,自知者明。胜人者有力,自胜者强。知足者富,强行者有志。不失其所者久,死而不亡者寿。

河上公本

知人者智,自知者明。胜人者有力,自胜者强。知足者富,强行者有志。不失其所者久,死而不亡者寿。

范应元本

知人者,知也。自知者,明也。胜人者,有力也。自胜者,强也。知足者,富也。强行者,有志也。不失其所者,久也。死而不亡者,寿也。

第七十八章　道汎左右

（今本 34 章）

【帛书复真本】

道，汎呵，其可左右也。成功遂事而弗名有也。万物归焉而弗为主，则恒无欲也，可名于小；万物归焉而弗为主，可名于大。是以声人之能成大也，以其不为大也，故能成大。

【帛书释文本】

道，〔汎（泛）呵〔一〕，其可左右也〔二〕。成功〕遂事而弗名有也〔三〕。万物归焉而弗为主〔四〕，则恒无欲也〔五〕，可名于小〔六〕；万物归焉〔而弗〕为主，可名于大〔七〕。是〔以〕声人之能成大也〔八〕，以其不为大也，故能成大。

【帛书出土图版原文】

甲本

道，□□□□□□□□遂事而弗名有也。万物归焉而弗为主，则恒无欲也，可名于小；万物归焉□□为主，可名于大⌐。是□声人之能成大也，以其不为大也，故能成大⌐。

第七十八章　道汎左右

乙本

道，渢呵，亓可左右也。成功遂□□弗名有也。万物归焉而弗为主，则恒无欲也，可名于小；万物归焉而弗为主，可命于大。是以耵人之能成大也，以亓不为大也，故能成大。

【校勘注释】

〔一〕"汎"与"泛"在古汉语中是两个字，如今"泛"兼表"汎"的含义，此处指无所不在。《说文》："汎，浮貌。从水，凡声。""泛，浮也。从水，乏声。"

〔二〕"左右"可理解为"佐佑"，即佑助万物；亦可理解为在万物之左右，如流水一样环绕万物。参考第四十四章（今本79章）对"左""右"的考辨。

〔三〕"成功遂事而弗名有也"句（今本等版本为"功成不名有"）之前，今本等版本凭空添加了"万物恃之而生而不辞"。遂：称心、如意、已成。《礼记·月令》："百事乃遂。"郑玄注："遂，犹成也。"成功遂事：成就功业。弗名：不求名分。

〔四〕焉：语气助词。弗为主：不为主宰，指不去控制。

〔五〕欲：欲望、私欲。

〔六〕小：指"道"因无私欲而看似微小。

〔七〕大：指"道"无须主宰而让万物归服，如同百川归海般博大。可参考第三十二章（今本67章）对"道"与"大"关系的考辨。

〔八〕声人：比圣人低一个层次，泛指践行"大道"的那些有着巨大影响力，甚至可以左右社会价值观的大教育家、大政治家等名人。今本等版本将"声人"改为"圣人"，不妥。参见第四十六章（今本2章）对"圣人""声人"的考辨。

【意解译文】

道，无所不在啊，它存在于万物之中并佑助万物。它成就功业却寂寂无闻。万物归附却不去控制它们，那是因为道没有私欲，这可以说是道的微小之处。万物归附而不自以为主宰，这可以说是道的伟大之处。声人之所以能够成就伟大，是因为他不自以为伟大，所以变得伟大。

【考证辨真】

本章没有需要重点考辨的字句。

【对照版本】

傅奕本

大道泛泛兮，其可左右。万物恃之以生而不辞，功成而不居。衣被万物而不为主，故常无欲，可名于小矣；万物归之而不知主，可名于大矣。是以圣人能成其大也，以其终不自大，故能成其大。

王弼本

大道泛兮，其可左右。万物恃之而生而不辞，功成不名有。衣养万物而不为主，常无欲，可名于小；万物归焉而不为主，可名为大。以其终不自为大，故能成其大。

第七十八章　道汜左右

河上公本

大道泛兮,其可左右。万物恃之而生而不辞,功成不名有。爱养万物而不为主,常无欲,可名于小;万物归焉而不为主,可名为大。是以圣人终不为大,故能成其大。

范应元本

大道泛泛兮,其可左右。万物恃之以生而不辞,功成不名有。衣被万物而不为主,故常无欲,可名为小矣;万物归之而不知主,可名为大矣。是以圣人以其终不自为大,故能成其大。

第七十九章　势之大象

（今本35章）

【帛书复真本】

势大象，天下往。往而不害，安平大。乐与饵，过格止。故道之出言也，曰："谈呵，其无味也。视之，不足见也；听之，不足闻也；用之，不可既也。"

【帛书释文本】

执〈势〉大象[一]，〔天下〕往[二]。往而不害[三]，安平大（太）[四]。乐与饵[五]，过格止[六]。故道之出言也[七]，曰："谈呵[八]，其无味也[九]。〔视之〕，不足见也[十]；听之，不足闻也；用之，不可既也[十一]。"

【帛书出土图版原文】

甲本

执大象，□□往=（往。往）而不害，安平大⌊。乐与饵，过格止。故道之出言也，曰："谈呵，其无味也。□□，不足见也⌊；听之，不足闻也；用之，不可既也。"

第七十九章　势之大象

乙本

执大象，天下往＝（往。往）而不害，安平大。乐与□，过格止。故道之出言也，曰："淡呵，亓无味也。视之，不足见也；聽之，不足闻也；用之，不可既也。"

【校勘注释】

〔一〕"势"字，帛书甲乙本与今本等版本均为"埶（执）"，楚简为"埶（势）"，这里取用楚简。详见【考证辨真】。势：势头，这里指顺应某种势头。大象："道"的盛大之象，集乾坤万象于一体。

〔二〕往：去、到，这里指归服。《玉篇》："往，行也，去也。"

〔三〕害：妨害。

〔四〕"安"有两种理解：一是作为连词，相当于"乃""于是"；二是平安、安定。大："太"的本字，安宁、平和。江沅《说文释例》："古只作'大'，不作'太'。""往而不害，安平太"的意思是，天下归附后就会少起事端（即无妨害），国家安定太平。

〔五〕乐：音乐。饵：食物。

〔六〕"过格止"句，帛书甲乙本均如此。"过"指途经而至，"格"指拜访而至，"止"指至而留下，"过格止"指乐从的人很多，详见【考证辨真】。帛书注家大多按照今本等版本将"格"校勘为"客"，不妥。"乐与饵，过格止"的言外之意就是，外界诱惑太多，"为道"的人越来越少，很多人半途而废。

〔七〕出言：这里指评说、评论。"故道之出言也"的意思是："所以该这样来评说'道'。"

〔八〕"谈"字，帛书甲本如此，帛书乙本为"淡"，帛书整理小组校勘为"淡"。谈：恬淡、平淡。

〔九〕无味：没有味道。

〔十〕足：可以、能够。不足：不能够、达不到。

〔十一〕既：尽、穷尽。《周易·既济卦》孔颖达疏："既者，皆尽之称。"

【意解译文】

顺应"道"的盛大之象，天下就会归附。天下归附后就会少起事端，国家就会安定太平。然而，由于动听的音乐和美好的食物等诱惑，乐从的人很多，于是人们距离"道"越来越远。所以该这样来评说"道"："平淡啊，它是那样的无滋无味。看它，看不到形迹；听它，听不到声音；用它，功用则不能穷尽。"

【考证辨真】

"势大象"与"执大象"考辨

"势大象"的"势"，帛书甲乙本与今本等版本均为"埶（执）"，楚简为"埶（势）"。"埶"是"势"的古字，楚简整理小组将其校勘为"执"，实属不妥。《说文》段玉裁注："《说文》无势字，盖古用埶为之。"关于这一问题，笔者还将在《楚简道德经甄辨》（老子新考系列二）中进行深入探讨。这里引用《道德经，古今有何不同》中的辨析：

第七十九章 势之大象

"势大象"的"势"字,帛书及众多版本均为"执",而楚简为"势",这里取用"势"字。老子在第七十三章(今本29章)说"夫天下,神器也,非可为者也",连天下都是不可随便夺取的,更不用说比天下更伟大更玄妙的"道"了;老子在第七十六章(今本32章)说"道恒无名,朴(应为㮆)虽小而天地弗敢臣","道"是天地都不敢以之为臣的,更不可能执掌它了;老子在第二十七章(今本64章)说"执之者失之""无执也,故无失也",进一步说明了"道"是不可能被执掌的。所以,本章诸多版本中的"执大象",即执掌大道之象的"执"是错误的,应该为"势大象",即"顺应道的盛大势头或趋势"。可谓一字之差,谬以千里。①

"过格止"与"过客止"考辨

"过格止"句,帛书甲乙本均为"过格止",王弼本(今本)、傅奕本等版本为"过客止",而帛书整理小组校勘为"过格止",理由是《尔雅·释诂》:"格,至也。""过格止"三字与上文"安平太"相对为文,自可通。另,"过"指途经而至,"格"指拜访而至,"止"指至而留下,三字都是到达的意思,然而程度不同,此处泛指"乐从之众甚多"。②

---

① 王骥:《道德经,古今有何不同》,华文出版社,2023年1月第1版,第382页。
② 《老子帛书校注》,徐志钧校注,学林出版社,2002年5月第1版,第270—271页。

【对照版本】

傅奕本

执大象者,天下往。往而不害,安平泰。乐与饵,过客止。道之出言:"淡兮,其无味。视之不足见,听之不足闻,用之不可既。"

王弼本

执大象,天下往。往而不害,安平太。乐与饵,过客止。道之出口:"淡乎,其无味。视之不足见,听之不足闻,用之不足既。"

河上公本

执大象,天下往。往而不害,安平太。乐与饵,过客止。道之出口:"淡乎,其无味。视之不足见,听之不足闻,用之不可既。"

范应元本

执大象者,天下往。往而不害,安平泰。乐与饵,过客止。道之出言:"淡兮,其无味。视之不足见,听之不足闻,用之不可既。"

第八十章　欲拾古张

（今本 36 章）

【帛书复真本】

将欲拾之，必古张之。将欲弱之，必古强之。将欲去之，必古与之。将欲夺之，必古予之。是胃微明，牸弱胜强。鱼不脱于潚，邦利器不可以视人。

【帛书释文本】

将欲拾之[一]，必古张之[二]。将欲弱之，〔必古〕强之。将欲去之[三]，必古与之[四]。将欲夺之[五]，必古予之[六]。是胃（谓）微（微）明（明）[七]，牸（友）弱胜强[八]。鱼不脱于潚[九]，邦利器不可以视（示）人[十]。

【帛书出土图版原文】

甲本

将欲拾之，必古张之。将欲弱之，□□强之。将欲去之，必古与之⌐。将欲夺之，必古予之。是胃微明⌐，牸弱胜强。鱼不脱于潚，邦利器不可以视人⌐。

乙本

将欲擒之,必古张之。将欲弱之,必古○强之。将欲去之,必古与之。将欲夺之,必古予□。是胃微明,柔弱朕强。鱼不可说于渊,国利器不可以示人。

【校勘注释】

〔一〕"拾"字,帛书甲本为"拾",帛书乙本为"擒",王弼本(今本)、河上公本、傅奕本、范应元本及《韩非子·喻老》等版本为"歙""翕"等字。相比较而言,"拾"字更合理,且符合帛书甲本原貌。拾:收敛、收拾。《广韵》:"拾,收拾也,敛也。"

〔二〕"古"字争议很大,这里取"旧、原来"之意。《说文》:"古,故也。从十、口。识前言者也。"张:张开、扩张。"将欲拾之,必古张之"的意思是:"想要收敛,必先探究之前是如何扩张的。"这与"长,短之相刑也""物或行或随"等老子思想一脉相承。帛书注家几乎都按照今本等版本将"古"校释为通"固"或通"姑",导致文意大变,不妥,详见【考证辨真】。

〔三〕去:去除、消除。

〔四〕"與"和"与"同源于"與",之后分化,如今"與"字又简化为"与"。此处的"與"意为允许、赞许、支持。《论语·述而》:"子曰:'與其进也,不與其退也。'"朱熹注:"與,许也。"参见第二章(今本39章)对"與""与"的考辨。

〔五〕夺:强取、夺取。

第八十章 欲拾古张

〔六〕予：给予。

〔七〕微："微"的变体。"微"有两种释义：一是隐蔽、藏匿；二是梳理、整理（由甲骨文、金文会意而来，待考）。"明"也有两种释义：一是明智、明识；二是假借为"萌"，意为萌发、初始。由此，"微明"也有两种释义：一是未显露出来的明智；二是梳理事物初始的缘由。结合上下文意，这里取用第二种释义，详见【考证辨真】。此处解读与帛书主流释义截然不同。

〔八〕艸："友"的异体字，帮助、协助。帛书注家大多按照今本等版本将"艸"校勘为"柔"，不妥。

注意，此处的"艸（友）弱胜强"不能理解为"柔弱胜强"，而应是"助弱胜强"。前文"将欲拾之，必古张之。将欲弱之，必古强之。将欲去之，必古与之。将欲夺之，必古予之"的潜台词就是要通过反向操作，即"助力示弱"以达到麻痹、瓦解对手的目的，这比"柔弱胜强"更加高妙。此处不用"柔"而用"艸（友）"，可见帛书《老子》甲本用字的考究与精妙。

〔九〕潚：水深而清。《说文》："潚，深清也。"段玉裁注："谓深而清也。"帛书注家大多按照今本等版本将"潚"校勘为"渊"，不妥。

〔十〕视：假借为"示"，以事或物示人、表示。《说文通训定声》："视，假借为示。"可参考第六十六章（今本24章）对"视""示""见"的考辨。利器：锋利的武器，这里指核心权力机制。

【意解译文】

想要收敛，必先探究之前是如何扩张的。想要削弱，必先探究之前是如何变强的。想要去除，必先探究之前是如何被允许的。想要夺取，必先探究之前是如何被给予的。这就叫作梳理事物的初始成因，以此助弱胜强。正如鱼不可以脱离深水一样，邦国的核心权力机制不能轻易昭示于人。

【考证辨真】

"古"与"故""固""姑"含义辨析

"必古张之"等句中的"古"字，主要有如下几种释义：

一是通"故"，取"旧、原来"之意；二是通"固"（今本等版本用字），取"原来、本来"之意；三是通"姑"，取"姑且"之意，如《周书》："将欲败之，必姑辅之；将欲取之，必姑与之。"而"古"本来就有"旧、原来"的含义。《说文》："古，故也。从十、口。识前言者也。"《尔雅·释诂》："古，故也。"显然，上文谈到的"故""固"也有这个含义。

这里直接取用"古"字，"将欲拾之，必古张之"的意思就是："想要收敛，必先探究之前是如何扩张的。"这与"长、短之相刑也""物或行或随""天下之物生于有，有生于无"等老子思想一脉相承。而历代主流（含帛书主流）释义"想要收敛它，必定先要扩张它"则属于"诡道"，非老子的"正道"，很难在《老子》的文字及思想体系中找到支撑的依据。

"微明"的内涵辨析

"微"有两种释义：一是隐蔽、藏匿。《说文》："微，隐行也。"《尔雅·释诂》:"微,匿微也。"《左传·哀公十六年》:"白公奔山而缢,其徒微之。"杜预注:"微,匿也。"二是梳理、整理。因"微"字的甲骨文、金文字形如修剪、整理人的头发(如金文"𢼸"),故有人认为"微"的本义或是梳理、整理(待考)。

"明"也有两种释义:一是明智、明识。《礼记·乐记》:"作者之谓圣,述者之谓明。"孔颖达疏:"明者,辨说是非。"《韩非子·难四》:"知微之谓明。"二是假借为"萌",意为萌发、初始。《文心雕龙·明诗》:"离合之发,则明于图谶。"范文澜注:"明,唐写本作萌,是。"

综上所述,"微明"也有两种释义:一是未显露出来的明智。《韩非子·喻老》:"起事于无形,而要大功于天下,是谓微明。"由此可知,"微明"之中蕴含着可大可小、可吉可凶、可成可败的玄机,是老子"反也者,道之动也。弱也者,道之用也"思想的阐释和实践。二是梳理事物初始的缘由。也就是说,不仅要研究事物外在的变化,更要研究其内在的端倪与趋势,梳理成因,方能更好地处理结果。显然,这种理解更加契合前文"想要收敛,必先探究之前是如何扩张的"等释义。

【对照版本】

傅奕本

将欲翕之,必固张之。将欲弱之,必固强之。将欲废之,必固兴之。将欲夺之,必固与之。是谓微明,柔之胜刚,弱之胜强。鱼不可脱于渊,邦之利器不可以示人。

王弼本

将欲歙之,必固张之。将欲弱之,必固强之。将欲废之,必固兴之。将欲夺之,必固与之。是谓微明,柔弱胜刚强。鱼不可脱于渊,国之利器不可以示人。

河上公本

将欲歙之,必固张之。将使弱之,必固强之。将欲废之,必固兴之。将欲夺之,必固与之。是谓微明,柔弱胜刚强。鱼不可脱于渊,国之利器不可以示人。

范应元本

将欲翕之,必固张之。将欲弱之,必固强之。将欲废之,必固兴之。将欲取之,必固与之。是谓微明,柔之胜刚,弱之胜强。鱼不可脱于渊,邦之利器不可以示人。

第八十一章　道恒无名

（今本 37 章）

【帛书复真本】

道恒无名，侯王若守之，万物将自愚。愚而欲作，吾将阗之以无名之椁。阗之以无名之椁，夫将不辱。不辱以情，天地将自正。

【帛书释文本】

道恒无名[一]，侯王若守之[二]，万物将自愚（化）[三]。愚（化）而欲〔作[四]，吾将阗之以无〕名之椁[五]。〔阗之以〕无名之椁，夫将不辱[六]。不辱以情[七]，天地将自正[八]。

【帛书出土图版原文】

甲本

道恒无名╯，侯王若守之，万物将自愚＝（愚。愚）而欲□□□□□□□□□＝名＝之＝椁＝（名之椁。□□□无名之椁），夫将不＝辱＝（不辱。不辱）以情，天地将自正。

乙本

道恒无名，侯王若能守之，万物将自化＝（化。化）而欲作，吾将阗=之=以=无=名=之=朴=（阗之以无名之朴。阗之以无名之朴），夫将不=辱=（不辱。不辱）以情，天地将自正。

【校勘注释】

〔一〕恒：长久不变。无名：无名分，无可名说，无法具体描述。

〔二〕守之：指遵守道的规则。注意，这里的"之"并非指"道"本身。

〔三〕物：这里指侯王以外的人与物。《荀子·劝学》："君子生非异也。善假于物也。"此处的"物"包括侯王所辖的邦国、民众及各类事务，可译为万类、万物。愚："化"的异体字。自化：自然归化、归顺。"自化"不仅指民众自发归附，还有邦国、民众及各类事务（即万物）归顺和谐的内涵。

〔四〕欲：欲望、私欲。作：发生、发作。

〔五〕阗（tián）：填满、充实。《说文》："阗，盛也。"《增韵》："阗，满也。"帛书注家大多按照今本等版本将"阗"校勘为"镇"，不妥。"椁"的本义是在野外搭建的供自我使用的木屋。在老子的思想里，"椁"与"本我""自我""元气"，乃至"道""德""器""万物"皆有关联，这里代表"道"或"道"的特征，类似于"朴"。参见第七十二章（今本28章）对"椁""朴"的考辨。

〔六〕"夫将不辱"句，帛书甲乙本均如此，今本等版本改为"夫亦将无欲"，意思大变。夫：句首语气助词。不辱：不自寻困辱。这里的"辱"，老子主要是针对那些私欲贪念

第八十一章　道恒无名

太重而不安分的特定人群而言。

〔七〕情：情势、情形。帛书注家大多按照今本等版本将"情"校勘为"静"，不妥。

"不辱以情"的前提是，"阗之以无名之樸"后，万物就不会再自寻困辱；"不辱以情"的意思是，万物不再自寻困辱，就会逐渐以各种情形呈现出来；"不辱以情"的结果是"天地将自正"。

〔八〕正：平正、不偏斜，这里指均衡而和谐。自正：按照"道"的规律自我调节到和谐有序的状态。

【意解译文】

大道永恒而无名分，侯王如能不重名分并遵"道"行事，万物将自然归顺。万物归顺之后如有少数仍存私心贪欲，我将以"道"的无名朴拙让其充实，那么他们就不会自寻困辱了。不自寻困辱的情形成为大势与常态，那么天地万物就会自我调节到有序的状态。

【考证辨真】

本章没有需要重点考辨的字句。

【对照版本】

傅奕本

道常无为而无不为，王侯若能守，万物将自化。化而欲作，吾将镇之以无名之朴。无名之朴，夫亦将不欲。不欲以靖，天下将自正。

王弼本

道常无为而无不为，侯王若能守之，万物将自化。化而欲作，吾将镇之以无名之朴。无名之朴，夫亦将无欲。不欲以静，天下将自定。

河上公本

道常无为而无不为，侯王若能守，万物将自化。化而欲作，吾将镇之以无名之朴。无名之朴，亦将不欲。不欲以静，天下将自定。

范应元本

道常无为而无不为，王侯若能守之，万物将自化。化而欲作，吾将镇之以无名之朴。无名之朴，夫亦将不欲。不欲以静，天下将自正。

参考文献

一、甲骨文、金文相关文献

罗振玉编《殷墟书契前编》,1913年刊本。

董作宾编《小屯·殷墟文字甲编》,台北历史语言研究所,1948年4月第1版。

郭沫若:《甲骨文字研究》,人民出版社,1952年9月第1版。

朱芳圃:《殷周文字释丛》,中华书局,1962年11月第1版。

李孝定编述:《甲骨文字集释》,台北历史语言研究所专刊,1965年6月第1版。

中国社会科学院考古研究所编《甲骨文编》,中华书局,1965年9月第1版。

郭沫若:《殷契粹编》(附考释索引),大通书局,1971年2月第1版。

罗振玉:《增订殷墟书契考释》,艺文印书馆,1981年3月第4版。

郭沫若主编《甲骨文合集》,中国社会科学院历史研究所编,中华书局,1982年10月第1版。

于省吾主编《甲骨文字诂林》,中华书局,1996年5月第1版。

中国社会科学院历史研究所编《甲骨文合集补编》,语文出版社，1999年7月第1版。

胡厚宣主编《甲骨文合集材料来源表》，中国社会科学出版社，1999年8月第1版。

徐在国编《传抄古文字编》，线装书局，2006年11月第1版。

马如森：《殷墟甲骨学》，上海大学出版社，2008年12月第1版。

刘钊、洪飏、张新俊编纂《新甲骨文编》，福建人民出版社，2009年5月第1版。

胡厚宣主编《甲骨文合集释文》，中国社会科学出版社，2009年12月第1版。

李宗焜编著：《甲骨文字编》，中华书局，2012年3月第1版。

韩建周、牛海燕编著：《甲骨文字释义》，河南大学出版社，2013年8月第1版。

罗振玉：《殷商贞卜文字考（外五种）》，上海古籍出版社，2013年10月第1版。

沈建华、曹锦炎编著：《甲骨文字形表》增订版，上海辞书出版社，2017年10月第1版。

宋镇豪主编《甲骨文与殷商史》，上海古籍出版社，2017年11月第1版。

王国维撰：《两周金石文韵读》，上海仓圣明智大学石印学术丛编本，1916年。

郭沫若：《金文丛考》，人民出版社，1954年6月第1版。

郭沫若：《殷周青铜器铭文研究》，人民出版社，1954年

8月第1版。

郭沫若:《两周金文辞大系考释(增订本)》,科学出版社,1957年6月第1版。

周法高主编《金文诂林》,香港中文大学,1975年。

周法高编撰:《金文诂林补》,台北历史语言研究所专刊,1982年5月第1版。

容庚编著:《金文编》,张振林、马国权摹补,中华书局,1985年7月第1版。

陈初生编纂《金文常用字典》,陕西人民出版社,1987年4月第1版。

张亚初编著:《殷周金文集成引得》,中华书局,2001年7月第1版。

董莲池编著:《新金文编》,作家出版社,2011年10月第1版。

二、战国文字相关文献

李零:《长沙子弹库战国楚帛书研究》,中华书局,1985年7月第1版。

何琳仪:《战国文字通论》,中华书局,1989年4月第1版。

张守中撰集:《睡虎地秦简文字编》,文物出版社,1994年2月第1版。

滕壬生:《楚系简帛文字编》,湖北教育出版社,1995年7月第1版。

何琳仪:《战国古文字典——战国文字声系》,中华书局,1998年9月第1版。

滕壬生：《楚系简帛文字编》增订本，湖北教育出版社，2008年10月第1版。

刘信芳：《楚系简帛释例》，安徽大学出版社，2011年12月第1版。

方勇编著：《秦简牍文字编》，福建人民出版社，2012年12月第1版。

汤余惠主编《战国文字编》修订本，福建人民出版社，2015年12月第1版。

禤健聪：《战国楚系简帛用字习惯研究》，科学出版社，2017年3月第1版。

白立献编《龙山里耶秦简》，河南美术出版社，2021年1月第1版。

陈斯鹏：《楚系简帛中字形与音义关系研究》修订本，中西书局，2022年12月第1版。

徐在国主编《战国文字研究》第七辑，安徽大学汉字发展与应用研究中心编，安徽大学出版社，2023年5月第1版。

洪德荣、叶楠编著：《曾侯乙墓竹简字形合编》，上海古籍出版社，2023年12月第1版。

刘云、袁莹、洪德荣编著：《湘鄂所出楚系简帛字形合编（二十五种）》，上海古籍出版社，2023年12月第1版。

宋丽璇编著：《豫出楚简字形合编》，上海古籍出版社，2023年12月第1版。

刘洪涛、李芳梅编著：《郭店楚简字形合编》，上海古籍出版社，2024年1月第1版。

徐加跃、贺一平编著：《上海博物馆藏楚简字形合编》，上海古籍出版社，2024年3月第1版。

三、雅学、《说文》等相关文献

郭璞注：《尔雅》，王世伟校点，上海古籍出版社，2015年2月第1版。

郭璞注：《尔雅注》，潘佳整理，商务印书馆，2023年3月第1版。

邵晋涵撰：《尔雅正义》，中华书局，2017年12月第1版。

郝懿行撰：《尔雅义疏》，上海古籍出版社，1983年6月第1版。

叶蕙心：《尔雅古注斠》，光绪二年（1876年）木刻墨印本。

周祖谟撰：《尔雅校笺》，江苏教育出版社，1984年12月第1版。

迟文浚、王玉华编著：《尔雅音义通检》，辽宁大学出版社，1997年2月第1版。

黄怀信校注：《小尔雅校注》，三秦出版社，1992年3月第1版。

张揖撰：《广雅》，台湾商务印书馆，1966年6月第1版。

王念孙：《广雅疏证（附索引）》，中华书局，2004年4月第2版。

陆佃：《埤雅》，王敏红点校，浙江大学出版社，2008年5月第1版。

朱谋㙔撰：《骈雅》，台湾商务印书馆，1966年6月第1版。

方以智：《通雅》，中国书店，1990年2月第1版。

吴玉搢撰：《别雅》，台湾商务印书馆，1973年12月第1版。

罗愿撰:《尔雅翼》,石云孙点校,黄山书社,1991年10月第1版。

许慎撰:《说文解字》,徐铉等校定,中华书局,2013年7月第1版。

段玉裁撰:《说文解字注》,艺文印书馆,1973年8月第2版。

桂馥撰:《说文解字义证》,上海古籍出版社,1987年3月第1版。

朱骏声撰:《说文通训定声》,武汉市古籍书店,1983年6月第1版。

王筠:《说文句读》,上海古籍书店,1983年9月第1版。

丁福保编纂《说文解字诂林》,中华书局,1988年4月第1版。

陆宗达:《说文解字通论》,北京出版社,1981年10月第1版。

马叙伦:《说文解字六书疏证》,上海书店,1985年4月第1版。

季旭昇:《说文新证》,福建人民出版社,2010年12月第1版。

林沄:《古文字学简论》,中华书局,2012年4月第1版。

万献初:《〈说文〉字系与上古社会》,新世界出版社,2012年1月第1版。

万献初讲授:《说文解字十二讲》,刘会龙撰理,中华书局,2019年1月第1版。

顾野王撰:《玉篇》,中文出版社,1982年2月第1版。

张自烈:《正字通》,廖文英编,董琨整理,中国工人出版社,1996年7月第1版。

徐同柏:《从古堂款识学》,光绪三十二年(1906年)石印本。

汉语大词典编纂处整理:《康熙字典(标点整理本)》,汉语大词典出版社,2002年6月第1版。

王宁:《汉字构形学导论》,商务印书馆,2015年6月第1版。

邹晓丽编著:《基础汉字形义释源》,北京出版社,1990年6月第1版。

李学勤主编《字源》,天津古籍出版社、辽宁人民出版社,2012年12月第1版。

陈政:《字源谈趣》,新世界出版社,2006年7月第1版。

谷衍奎编著:《汉字源流大字典》,商务印书馆,2023年3月第1版。

汉语大字典编辑委员会编纂《汉语大字典》第二版(九卷本),四川辞书出版社、崇文书局,2010年4月第1版。

汉语大词典编辑委员会、汉语大词典编纂处编纂《汉语大词典》,汉语大词典出版社,2001年9月第2版。

四、音韵学、音韵训诂等相关文献

李方桂:《上古音研究》,商务印书馆,2015年7月第1版。

周法高:《周法高上古音韵表》,张日昇、林洁明编,三民书局,1973年9月第1版。

董同龢:《上古音韵表稿》,台联国风出版社,1975年11

月第3版。

吴庆峰：《音韵训诂研究》，齐鲁书社，2002年10月第1版。

李珍华、周长楫编撰：《汉字古今音表》修订本，中华书局，1999年1月第1版。

陈彭年等修：《广韵》，台湾中华书局，1987年1月第3版。

丁度：《集韵》，北京市中国书店，1983年7月第1版。

郭忠恕、夏竦编《汗简·古文四声韵》，李零、刘新光整理，中华书局，1983年12月第1版。

黄公绍、熊忠：《古今韵会举要》，中华书局，2000年2月第1版。

乐韶凤、宋濂等撰：《洪武正韵》，政协全椒县委员会编，国家图书馆出版社，2020年6月第1版。

林尚葵、李根撰：《广金石韵府》，崇祯九年（1636年）闽侯莲庵朱墨套印本。

陈澧撰：《切韵考》，北京市中国书店，1984年7月第1版。

李荣：《切韵音系》，黄笑山校订，商务印书馆，2020年7月第1版。

梁僧宝撰：《切韵求蒙》，广文书局，1967年10月第1版。

宁忌浮：《洪武正韵研究》，上海辞书出版社，2003年6月第1版。

杨建忠：《明清音韵训诂研究》，语文出版社，2021年1月第1版。

江有诰：《唐韵四声正》，道光七年（1827年）开雕本。

余迺永校注：《新校互注宋本广韵》增订本，上海辞书出版社，2000年7月第1版。

欧芝田编《新增韵对屑玉笺注》，道光二十六年（1846年）邵州炳蔚堂书林梓行木刻本。

周德清：《中原音韵》，艺文印书馆，1972年6月第2版。

蓝茂、毕拱辰撰：《韵略易通·韵略汇通》，广文书局，1962年9月第1版。

李子君：《〈增修互注礼部韵略〉研究》，社会科学文献出版社，2012年9月第1版。

万献初：《音韵学要略》第三版，商务印书馆，2020年8月第1版。

五、其他古籍文献及相关著述

姚春鹏译注：《黄帝内经》，中华书局，2016年3月第1版。

穆俊霞、王平校注：《素问》，中国医药科技出版社，2011年1月第1版。

刘向、刘歆编《山海经》，三秦出版社，2019年12月第1版。

周秉钧注译：《尚书》，岳麓书社，2001年7月第1版。

杨天才译注：《周易》，中华书局，2016年3月第1版。

《周礼》，漓江出版社，2022年4月第1版。

方苞集注：《周礼》，金晓东校点，上海古籍出版社，2023年1月第1版。

陈曦、陈铮铮译注：《司马法》，中华书局，2017年7月第1版。

《春秋》，吉林文史出版社，2017年1月第1版。

曹操等注：《孙子》，上海古籍出版社，1989年9月第1版。

张宗友注译:《左传》,中州古籍出版社,2010年4月第1版。

《国语》,岳麓书社,2015年2月第1版。

周奉真注析:《中庸》,人民文学出版社,2020年11月第1版。

王秀梅译注:《诗经》,中华书局,2016年1月第1版。

李山译注:《管子》,中华书局,2016年1月第1版。

黄铭、曾亦译注:《春秋公羊传》,中华书局,2016年9月第1版。

《楚辞》,吉林大学出版社,2010年1月第1版。

《孟子》,吉林文史出版社,2018年9月第1版。

徐艳华译:《荀子》,北京联合出版公司,2015年7月第1版。

方勇译注:《墨子》,中华书局,2015年3月第1版。

安继民、高秀昌注译:《庄子》,中州古籍出版社,2006年1月第1版。

李维琦、邹文芳注译:《春秋穀梁传》,岳麓书社,2021年6月第1版。

章伟文译注:《鹖冠子》,中华书局,2022年7月第1版。

司马迁撰:《史记》,陈曦、王珏、王晓东、周旻译,中华书局,2019年12月第1版。

《淮南子》,岳麓书社,2015年2月第1版。

毛亨传:《毛诗》,郑玄笺,陆德明音义,上海古籍出版社,2022年9月第1版。

刘向撰:《列女传》,仇英绘,文物出版社,2019年8月

参考文献

第 1 版。

胡平生、张萌译注:《礼记》,中华书局,2017 年 11 月第 1 版。

王符撰:《潜夫论》,汪继培笺,上海古籍出版社,1978 年 4 月第 1 版。

班固纂集:《白虎通》,湖南艺文书局,光绪二十年(1894 年)木刻本。

班固撰:《汉书》,颜师古注,中州古籍出版社,1991 年 12 月第 1 版。

郑玄注:《易纬》,常秉义辑注,新疆人民出版社,2000 年 10 月第 1 版。

孔晁注:《逸周书》,浙江大学出版社,2021 年 6 月第 1 版。

葛洪:《抱朴子》,张松辉解读,国家图书馆出版社,2020 年 12 月第 1 版。

马银琴译注:《搜神记》,中华书局,2012 年 1 月第 1 版。

令狐德棻等撰:《周书》,中华书局,1971 年 11 月第 1 版。

魏征等:《群书治要》,国家行政学院出版社,2015 年 3 月第 1 版。

李隆基注:《孝经》,邢昺疏,金良年校点,上海古籍出版社,2014 年 12 月第 1 版。

李延寿撰:《南史》,中华书局,1975 年 6 月第 1 版。

《溥儒书金刚般若波罗蜜经》,西泠印社出版社,2017 年 2 月第 1 版。

司马光:《资治通鉴》,冯慧娟编,吉林出版集团有限责任公司,2015 年 7 月第 1 版。

程颐:《周易传》,艺文印书馆,1968年2月第2版。

张君房编《云笈七签》,中央编译出版社,2016年11月第1版。

蒲松龄:《聊斋志异》,岳麓书社,2019年6月第1版。

孙诒让:《考工记》,邹其昌整理,人民出版社,2020年10月第1版。

孙诒让:《墨子间诂》,上海涵芬楼影印商务印书馆,光绪三十三年(1907年)木刻本。

马国翰辑《玉函山房辑佚书》,上海古籍出版社,1990年12月第1版。

毛奇龄撰:《辨定祭礼通俗谱》,雍正刻西河合集本。

郭沫若:《中国古代社会研究》,人民出版社,1954年9月第1版。

郭宝钧:《中国青铜器时代》,生活·读书·新知三联书店,1963年7月第1版。

王国维:《观堂集林》,中华书局,1973年2月第1版。

杨宽:《古史新探》,中华书局,1965年10月第1版。

中国人民银行《中国历代货币》编辑组编《中国历代货币》,新华出版社,1982年6月第1版。

六、《老子》历代重要传本及相关著述

景龙本:景龙二年(708年)河北易州龙兴观道德经碑,石刻本。

易玄本:开元二十六年(738年)河北易州龙兴观道德经幢,石刻本。

参考文献

邢玄本：开元二十七年（739年）河北邢州龙兴观道德经幢，石刻本。

庆阳本：景祐四年（1037年）甘肃庆阳县天真观道德经幢，石刻本。

磻溪本：大德三年（1299年）陕西宝鸡磻溪宫道德经幢，石刻本。

遂州本：遂州道德经碑，石刻本。

敦煌本：敦煌唐人写本老子道德经残卷（含甲本、乙本、丙本、丁本、戊本、己本、庚本、辛本、壬本、英本）。

郭象注：《庄子》，上海古籍出版社，1989年3月第1版。

张觉等译注：《韩非子译注》，上海古籍出版社，2016年7月第1版。

河上公章句：《宋刊老子道德经》，福建人民出版社，2008年8月第1版。

严遵：《老子指归》，王德有点校，中华书局，1994年3月第1版。

王弼注：《老子道德经注校释》，楼宇烈校释，中华书局，2008年12月第1版。

傅奕校：《道德經古本篇》，上海涵芬楼影印本。

范应元：《老子道德经古本集注》，黄曙辉点校，华东师范大学出版社，2010年3月第1版。

苏辙：《道德真经注》，黄曙辉点校，华东师范大学出版社，2010年5月第1版。

王安石：《王安石老子注辑本》，容肇祖辑，中华书局，1979年5月第1版。

司马光:《道德真经论》,上海涵芬楼影印本。

吴澄:《道德真经吴澄注》,黄曙辉点校,华东师范大学出版社,2010年8月第1版。

危大有:《道德真经集义》,上海涵芬楼影印本。

王夫之:《老子衍今译》,李申译注,巴蜀书社,1990年6月第1版。

黄元吉:《道德经讲义》,九州出版社,2014年1月第1版。

魏源:《老子本义》,商务印书馆,1934年11月第1版。

张默生:《老子章句新释》,东方书社,1943年11月第1版。

车载:《论老子》,上海人民出版社,1959年6月第1版。

哲学研究编辑部编《老子哲学讨论集》,中华书局,1959年12月第1版。

胡寄窗:《中国经济思想史》,上海人民出版社,1962年4月第1版。

马王堆汉墓帛书整理小组编《马王堆汉墓帛书〔壹〕》,文物出版社,1974年9月第1版。

马叙伦:《老子校诂》,中华书局,1974年12月第1版。

马王堆汉墓帛书整理小组编《马王堆汉墓帛书老子》,文物出版社,1976年3月第1版。

高亨:《老子注译》,华钟彦校,河南人民出版社,1980年3月第1版。

张松如:《老子校读》,吉林人民出版社,1981年5月第1版。

陈鼓应:《老子注译及评介》,中华书局,1984年5月第1版。

朱谦之:《老子校释》,中华书局,1984年11月第1版。

许抗生:《帛书老子注译与研究》增订本,浙江人民出版社,1985年3月第2版。

任继愈译著:《老子新译》修订本,上海古籍出版社,1985年5月第2版。

张松如:《老子说解》,齐鲁书社,1987年4月第1版。

徐梵澄:《老子臆解》,中华书局,1988年3月第1版。

杨树达:《周易古义·老子古义》,上海古籍出版社,1991年3月第1版。

南怀瑾:《老子他说》,国际文化出版公司,1991年12月第1版。

高明:《帛书老子校注》,中华书局,1996年5月第1版。

荆门市博物馆编《郭店楚墓竹简》,文物出版社,1998年5月第1版。

古棣:《老子校诂》,吉林人民出版社,1998年8月第1版。

丁原植:《郭店竹简老子释析与研究》,万卷楼图书有限公司,1998年9月第1版。

彭浩校编《郭店楚简〈老子〉校读》,湖北人民出版社,2000年1月第1版。

丁四新:《郭店楚墓竹简思想研究》,东方出版社,2000年10月第1版。

陈松长:《汉帛书老子甲本》,上海书画出版社,2001年7月第1版。

尹振环:《楚简老子辨析——楚简与帛书〈老子〉的比较研究》,中华书局,2001年11月第1版。

徐志钧校注:《老子帛书校注》,学林出版社,2002年5月第1版。

荆门市博物馆编《郭店楚墓竹简·老子甲》,文物出版社,2002年10月第1版。

荆门市博物馆编《郭店楚墓竹简·老子乙、丙》,文物出版社,2002年10月第1版。

廖名春:《郭店楚简老子校释》,清华大学出版社,2003年6月第1版。

尹志华:《北宋〈老子〉注研究》,巴蜀书社,2004年11月第1版。

沈善增:《还吾老子》,上海人民出版社,2004年12月第1版。

文选德:《〈道德经〉诠释》,湖南人民出版社,2005年5月第2版。

陈锡勇:《郭店楚简老子论证》,里仁书局,2005年9月第1版。

刘笑敢:《老子古今:五种对勘与析评引论》,中国社会科学出版社,2006年5月第1版。

汤一介:《魏晋玄学论讲义》,鹭江出版社,2006年12月第1版。

陈鼓应今译:《老子:汉韩对照》,傅惠生校注,金得顺韩译,湖南人民出版社、延边人民出版社,2007年4月第1版。

尹振环:《帛书老子再疏义》,商务印书馆,2007年5月第1版。

黄河选编《道家二十讲》,华夏出版社,2007年11月第

1 版。

丁四新：《郭店楚竹书〈老子〉校注》，武汉大学出版社，2010 年 3 月第 1 版。

李培志：《〈黄帝书〉与帛书〈老子〉君道思想渊源研究》，齐鲁书社，2012 年 7 月第 1 版。

赵又春：《我读老子》，岳麓书社，2013 年 9 月第 2 版。

裘锡圭主编《长沙马王堆汉墓简帛集成》，湖南省博物馆、复旦大学出土文献与古文字研究中心编纂，中华书局，2014 年 6 月第 1 版。

肖钢：《〈道〉论：帛书〈老子〉破译报告》，上海三联书店，2014 年 12 月第 1 版。

陆永品：《老子通解》，中央编译出版社，2015 年 1 月第 1 版。

韩非编著：《道德经全解》，中国华侨出版社，2016 年 3 月第 1 版。

熊春锦校注：《老子·德道经》，国际文化出版公司，2019 年 10 月第 1 版。

姬英明译注：《姬氏道德经》珍藏版，朝华出版社，2019 年 12 月第 1 版。

张景、张松辉译注：《道德经》，中华书局，2021 年 5 月第 1 版。

灵泉黎老：《老子尹喜帛书〈道德经〉解注》，经济日报出版社，2022 年 9 月第 1 版。

吴文文撰：《北大汉简老子译注》，中华书局，2023 年 8 月第 1 版。

七、帛书《老子》研究论文

高亨、池曦朝:《试谈马王堆汉墓中的帛书〈老子〉》,《文物》1974年第11期。

周采泉:《马王堆汉墓帛书〈老子甲本〉为秦楚间写本说》,《社会科学战线》1978年第2期。

华钟彦:《评有关帛书〈老子〉的论述》,《河南师大学报（社会科学版）》1980年第1期。

朱活:《古钱》,《文物》1981年第1期。

陈广忠:《帛书〈老子〉的用韵问题》,《复旦学报（社会科学版）》1985年第6期。

黄钊:《论帛书〈老子〉的资料价值》,《湘潭大学学报（社会科学版）》1985年第S1期。

王沐:《〈帛书老子校注析〉序》,《湘潭大学学报（社会科学版）》1987年第1期。

尹振环:《从帛书〈老子〉看〈老子〉的原结构布局》,《复旦学报（社会科学版）》1987年第2期。

尹振环:《从〈黄老帛书·称〉看〈帛书老子〉的分章圆点》,《贵州师范大学学报（社会科学版）》1991年第2期。

毛远明:《帛书〈老子〉和通行本的文字差异》,《四川师范学院学报（哲学社会科学版）》,1991年第2期。

王松茂:《帛书〈老子〉一章的哲理和语言》,《黄淮学刊（社会科学版）》1992年第1期。

尹振环:《恢复〈老子〉的本来面目——帛书〈老子〉与今本〈老子〉之比较研究》,《文献》1992年第3期。

李中华:《〈老子〉研究的新成果——黄钊〈帛书老子校注析〉述评》,《武汉大学学报(社会科学版)》,1992年第6期。

周生春:《帛书〈老子〉道论试探》,《哲学研究》1992年第6期。

尹振环:《再论〈马王堆汉墓帛书《老子》〉》,《文献》1995年第1期。

尹振环:《〈老子〉篇名篇次考辨——三论帛书〈老子〉》,《文献》1997年第3期。

郭世铭:《帛书〈老子〉三段另释》,《北京大学学报(哲学社会科学版)》1997年第5期。

尹振环:《论帛书与今本〈老子〉之优劣》,《传统文化与现代化》1997年第5期。

吕茂烈:《马王堆帛书〈老子〉优于传世诸本的实例剖析》,《东方论坛(青岛大学学报)》1998年第1期。

尹振环:《〈帛书老子校注〉考评》,《文献》1998年第2期。

宋启发:《帛书〈老子〉异文商榷》,《文献》1998年第4期。

崔永东:《帛书〈老子〉甲乙本中的法律思想试析》,《政法论坛》1999年第4期。

王三峡:《〈帛书《老子》含义不同的文句〉质疑》,《荆州师范学院学报》1999年第6期。

尹振环:《楚简与帛书〈老子〉的作者和时代印记考》,《贵州文史丛刊》2000年第2期。

尹振环:《利天下而不敢自利之德——析楚简与帛书〈老子〉之"德"》,《中共中央党校学报》2001年第3期。

姚一斌:《帛书〈老子〉假借字考》,《云南师范大学学报

（哲学社会科学版）》2001年第3期。

刘固盛:《近20年帛书〈老子〉研究述要》,《学术月刊》2001年第6期。

高华平:《楚简本、帛书本、河上公注本三种〈老子〉仁义观念之比较》,《中国历史文物》2003年第1期。

陈广忠:《帛书〈老子〉韵读》,载陈世雄编《三生万物——老子思想论文集》,海风出版社,2003年6月第1版。

杨溯:《从马王堆帛书〈老子〉看老子理想王国的社会属性》,《华侨大学学报（哲学社会科学版）》2005年第1期。

徐建委:《从刘向校书再论马王堆帛书〈老子〉乙本卷前古佚书非〈黄帝四经〉——兼论古籍流传研究中的两个方法论误区》,《云梦学刊》2006年第3期。

张永鑫:《"老学"又见生花笔——序李水海先生〈帛书《老子》校笺译评〉》,《太湖》2006年第4期。

刘晗:《帛书〈老子〉的特殊体系所反映的学术思想特色》,《管子学刊》2007年第1期。

宋斌:《马王堆帛书〈老子〉虚词研究》,硕士学位论文,首都师范大学汉语言文字学,2008年。

张艳:《帛书〈老子〉通假字的音韵分析》,《语文知识》2010年第3期。

尹禹:《今本〈老子〉五十七个章中的模糊点——帛书〈老子〉今译》,《校园英语（教研版）》2011年第6期。

张艳:《帛书〈老子〉研究综述》,《语文知识》2012年第2期。

贾辰阳:《帛书〈老子〉道经首章句读再议》,《郑州师范教育》2013年第3期。

高鑫、楼本聪、张锦洲:《湖南长沙马王堆汉墓帛书〈老子〉研究述论》,《文教资料》2015年第20期。

池田知久、曹峰:《〈老子〉的养生思想——以郭店楚简、马王堆帛书、北京大学藏竹书为中心》,《华中师范大学学报(人文社会科学版)》2016年第4期。

张艳:《帛书〈老子〉甲乙本性质试探》,《语言研究》2017年第4期。

唐成名:《帛书〈老子〉中"不"的思索》,《知识文库》2019年第12期。

张帆:《帛书〈老子〉"善者不多"新解》,《江海学刊》2020年第4期。

侯台风:《马王堆汉墓帛书〈老子〉与王弼本对读札记》,《柳州职业技术学院学报》2020年第4期。

赖宁娜:《郭店楚简〈老子〉与帛书、今本〈老子〉文句比较研究》,《作家天地》2020年第5期。

吴战洪、王红:《〈老子〉与〈太一生水〉关系再检讨》,《商丘师范学院学报》2020年第7期。

李春红:《帛书〈老子德道经〉"上善治水"思想新译》,《文化月刊》2020年第9期。

图书在版编目（CIP）数据

帛书《道德经》甄辨. 下册, 道篇 / 王骥撰. 北京：华文出版社, 2025.3（2025.6 重印）.（老子新考系列）. -- ISBN 978-7-5075-6049-7

Ⅰ. B223.15

中国国家版本馆CIP数据核字第2024CJ9712号

帛书《道德经》甄辨（下册） 道篇

作　　者：王　骥
策划编辑：杨艳丽
责任编辑：袁　博
出版发行：华文出版社
地　　址：北京市西城区广安门外大街305号8区2号楼
邮政编码：100055
网　　址：http://www.hwcbs.cn
电　　话：总编室 010-58336210　编辑部 010-58336191
发行部 010-58336267　010-58336202
经　　销：新华书店
印　　刷：三河市航远印刷有限公司
开　　本：880mm×1230mm　1/32
印　　张：9.375
字　　数：240千字
版　　次：2025年3月第1版
印　　次：2025年6月第2次印刷
标准书号：ISBN 978-7-5075-6049-7
定　　价：58.00元

版权所有，侵权必究